KB273796

중국어
번역가로
산다는 것

설레는 중국어 시나리오 번역

중국어 번역가로 산다는 것

김소희 지음

함혜숙 감수

더라인북스

중국어 번역가로 산다는 게 설레는 일일까?

'중국어 번역가로 산다는 것'은 어떤 일일까요? 중국어 번역가로 산다는 게 과연 설레는 일일까요? 10년 넘게 중국어 영상 번역가로 살아 오면서 힘들었던 순간이 많았기에, 중국어 번역만 해서 먹고살기 힘들다는 얘기를 많이 들었기에 '설렌다'는 단어가 과연 '번역'과 어울릴지 고민했습니다.

중국어 번역은 영어 번역에 비해 수요가 많지 않습니다. 저는 중국어 영상 번역가로 출발했지만 중국 영화나 중국 드라마 번역 수요가 너무 적어서, 자의 반 타의 반으로 미드 번역까지 병행하게 됐습니다. 중국어 영상 번역만 하는 번역가들은 눈 씻고 찾아보기 힘들었고 어쩌다 한두 명 알게 돼도 번역 수요가 없어서 먹고살기 힘들다며 고민을 하다 번역을 그만두기도 했습니다. 더군다나 '중국어 시나리오 번역'이란 분야는 시장이 형성된 지 얼마 되지 않아서 중국어 시나리오 번역만을 전문으로 하는 번역가는 만나기가 더더욱 쉽지 않았습니다. 그러던 중 우연히 김소희 번역가가 운영하는 '차라, 중국을 만나다'라는 블로그를 알게 됐답니다. 중국어에 관심 있는 이들이라면 누구나 알고 있는 인기 블로그였죠. 중국어 시나리오 번역만을 전문으로 한다는 게 놀랍고 신기해서 이웃을 맺고 자주 방문하며 글을 읽었는데, 어느새 애독자가 되어 버렸습니다. 새로운 번역 분야를 혼자 힘으로 개척해 나가는 모습을 보며 저의 초보 시절이 생각나기도 해서 마음속으로 응원하게 되더군요.

김소희 번역가의 글을 보면 항상 긍정적인 에너지가 넘칩니다. 중국어 번역 일을 정말 좋아하는구나 싶어 어떨 때는 저까지 가슴이 설렙니다. '차라, 중국을 만나다' 블로그에는 중국어에 대한 애정이 넘쳐 흘렀습니다. 김소희 번역가 스스로 '중국어와 연애하는 번역가'라고 말하는 것처럼 블로그 곳곳에서 하트가 퐁퐁~ 솟아 나와 떠다니는 착각마저 들었죠.

한 번도 직접 만난 적은 없지만 블로그 글들을 보며 신뢰감이 생겼습니다. 매일 꾸준히 중국어를 번역해서 올리는 글들을 보며 중국어 번역 실력도 엿볼 수 있었죠. 그러던 차에 마침 중국 드라마 시나리오를 공동 번역해야 할 일이 있어서 김소희 번역가에게 함께 해 보지 않겠냐고 제안을 했습니다. 김소희 번역가가 흔쾌히 좋다고 해서 번역 팀을 꾸려 함께 작업을 했는데 예상했던 대로 번역 실력이 뛰어났고, 일하는 자세가 정말 프로다웠습니다. 그렇게 김소희 번역가와의 인연이 시작되었죠.

그 뒤로도 블로그 글들을 틈틈이 읽으며 김소희 번역가와 교류를 했습니다. 계속 글을 읽다가 한 가지 사실을 깨달았습니다. '차라, 중국을 만나다'의 카테고리 제목들을 보면 그 자체로 책이 될 수 있겠다 싶었죠. '중국어로 힐링해', '중국어로 연애해', '책이 알려 주지 않는 중국어', '웨이보-꿀잼 중국어' 등 주제별로 게시판을 만들어서 관련 콘텐츠를 매일 꾸준히 올렸던 겁니다. 제가 주목했던 점은 '꾸준함'과 '지속성'이었습니다. 많은 블로거들이 주제를 정해서 게시판을 만들어 보지만 처음에만 열정적으로 글을 올리다 얼마 못 가 방치하거든요. '중국어로 힐링해' 카테고리만 봐도 2013년부터 지금까지 계속 글이 업로드되고 있답니다.

김소희 번역가가 의도했든 안 했든, 이미 콘텐츠 기획력을 갖췄고 스스로 글을 쓰고 편집하는 능력까지 쌓은 겁니다. 그래서 '중국어로 힐링해' 게시판에 있는 글들을 다시 주제별로 정리하고 다듬어서 전자책으로 내면 어떻겠냐고 제안을 했습니다. 똑같은 글이라도 블로그에 올린 글보다는 전자책으로 등록된 글이 좀 더 신뢰도가 올라갑니다. 그리고 '김소희'란 이름이 인터넷에 저자로 정식 등록되기 때문에 '저자 브랜드'가 생기게 되죠. 작가로서의 자질과 능력을 갖췄으니 우선 전자책으로 집필 경험을 쌓고 종이책을 집필할 발판을 만들어도 좋겠다 싶었습니다. 그렇게 해서 전자책 〈차라의 중국어로 힐링해(더라인북스)〉가 탄생했습니다. 2015년에 출간된 이 책은 지금까지도 꾸준히 판매되고 있습니다. 번역가가 블로그에 올린 글을 책으로 바꾸어 수익을 창출해 내는 선례를 남겼다고 할 수 있죠.

몇 가지 작업을 함께 하면서 김소희 번역가가 매 순간 '설레는 마음'으로 일을 한다는 걸 알 수 있었습니다. 두근두근하는 그 설렘이 저한테까지 고스란히 전해졌죠. 좋아하는 일을 직업으로 삼으면 괴로워진다고 말리는 이들도 많지만, 그래도 역시 좋아하는 일을 해야 사람이 반짝반짝 빛날 수 있다는 걸 다시 한 번 확인했답니다. 그래서 김소희 번역가에게 〈중국어 번역가로 산다는 것─설레는 중국어 시나리오 번역〉 책 집필을 부탁했습니다. '당신도 중국어 시나리오 번역 한번 해 보세요.'라고 유혹하려는 게 목적이 아닙니다. 중국어 공부를 하는 이들에게 중국어 능력을 갖추면 어떤 길로 뻗어 나갈 수 있는지 방향을 보여 주고자 합니다. 좋아하는 일을 직업으로 삼아도 오래도록 설렐 수 있다는 걸 보여 주고 싶습니다. 또한, 열악한 환경 속에서 혼자 외롭게 버티고 있을 중국어 번역가들에게 작은 위로가 되었으면 합니다.

"번역해서 먹고살 수나 있겠어?"라고 무작정 반대하는 이들의 목소리보다는 "내가 정말 중국어 번역을 하고 싶어 하는 걸까? 중국어 번역을 하면 가슴이 뛰는가?"라는 자신의 목소리에 귀를 기울여 보세요. 가 보지 않은 길이라서 발을 내딛기가 힘들다면 먼저 길이 아닌 곳을 혼자 묵묵히 걸어 나간 김소희 번역가의 이야기를 들으며 두근두근 설렘을 느껴 보세요.

함혜숙
영상 번역가, 더라인북스 대표

중국어와 연애하는 번역가

'중국어 시나리오를 한국어로 번역해 달라'는 의뢰가 처음 들어온 날, 그때 받았던 신선한 충격이 아직도 생생합니다. 대부분의 사람들이 그러하듯 저도 '번역' 하면 으레 출판물이나 영상물을 떠올렸으니까요. 드라마나 영화 시나리오만을 가지고 작업하는 번역의 세계가 있다는 게 너무나 흥미로웠습니다. 2012년 겨울, 아마도 그때가 시나리오 번역이라는 영역이 본격적으로 형성되기 시작한 시기가 아니었을까 싶어요. 그때쯤부터 한국과 중국의 합작이 활발해지기 시작했고, 시나리오 번역의 수요도 자연스럽게 늘어났습니다. 중국과 한국의 외교 관계에 따라 중국어 번역 수요도 늘었다 줄었다 기복이 생기기도 하지만, 중국과 한국의 문화 교류가 계속 되는 한 시나리오 번역 수요는 계속 있겠죠.

얼떨결에 뛰어든 이 길 위에서 '잘하고 싶은' 마음에 검색과 조사로 수많은 날을 보냈던 적이 있습니다. 연고도, 전례도 거의 없는 이 길은 그야말로 척박한 맨땅과도 같았어요. 맨땅에 헤딩하는 기분으로 그렇게 혼자 이 길을 걸었습니다. 아는 게 없으니 뿌연 안개 속을 걷는 기분이었지만, 걷다 보면 무언가 있지 않을까 하는 작은 기대감으로 뚜벅뚜벅 계속 걸었습니다. 입이 귀에 걸릴 만큼 짜릿한 순간들, 허탈감에 잠을 못 이룰 만큼 황당했던 순간들도, 혼자 해결하고 감당해 내야 하는 상황 때문에 눈물이 났던 순간들도 많았어요. 그럼에도 다른 길을 가지 않고 이 길을 묵묵히 걸어올 수 있었던 이유는 언제나 설레는 마음으로 이 일을 할 수 있었기 때문입니다. 시나리오 번역은 저에게 연애와도 같았으니까요. 새로운 대본을 마주할 땐 마치 새로운 누군가를 만나는 기분이었고, 대본과 동고동락하며 작업을 이어갈 땐 마치 그 누군가와 연애를 하는 기분이었어요. 그러다 번역이 끝나고 번역본을 발송할 땐 한동안 사랑했던 상대를 떠나보내는 기분이었지요. 그렇게 만남과 헤어짐을 반복하며 연애하듯 시나리오 번역을 해왔습니다.

경력이 오래되지 않은 제가 '중국어 시나리오 번역'에 대한 책을 써도 괜찮은 걸까, 고민이 많았습니다. 이 안에 담긴 이야기들이 '고작 몇 년 일한 걸로 가르치려 드는' 우를 범하지 않을까 걱정이 앞서기도 했고요. 책을 쓰면서도 느꼈지만 저는 아직도 많이 부족합니다. '번역을 하며 사는 사람입니다'라는 말은 할 수 있어도 '진짜 번역 잘하는 베테랑 번역가'는 아니지요. 그런 말을 할 수 있기까지는 지난한 시간을 거쳐야 할 테고요. 그럼에도 불구하고 용기 내서 이 책을 쓰기로 한 건 혼자 걸어왔던 그 힘겨운 시간들 때문이었습니다. 혼자서 헤매던 시간 동안 '이럴 때 누군가 한마디만 해 줬으면 좋겠다'고 아쉬워했던 기억들이 떠올랐거든요. '중국어를 번역에 접목해 본 세계는 어떤 모습일까?', '번역가가 되고 싶은데 어떻게 준비를 해야 할까?', '이제 막 번역을 시작했는데, 내가 잘할 수 있을까?' 등등 제가 했던 고민들과 이야기들을 그대로 담았습니다. 제가 느끼고 배웠던 것들이 누군가에게 아주 조금이라도 도움이 된다면, 혹은 낯설고 생소했던 이 분야가 아주 조금이라도 친근해진다면 좋겠습니다. 그리고, 가슴이 설레고 두근거리는 이 길을 함께 걸을 수 있다면, 더욱 좋겠습니다.

2017년 5월

김소희

차례

일러두기

1. S#1, S#2처럼 목차에 사용된 S#는 중국어 시나리오 번역 시
   '장면 번호(scene number)'를 나타내는 기호입니다.
2. 표지에 사용된 사진은 저자가 직접 찍은 작업실 풍경입니다.
3. 본문에 삽입된 사진들은 저자가 직접 촬영한 것입니다.

Chapter 1

시나리오 번역,
설레는 첫만남

시나리오 번역, 중국어 번역의 신세계

시나리오 번역, 그 신선한 충격

번역가는 내 꿈이었다. '당장 이루고 싶다'기보다는 내 인생의 마지막 종착역이 '번역가로 사는 삶'이길 바랐다. 간절히 바라면 이루어진다고 했던가. 어느 날 뜻밖의 계기로 첫발을 내딛게 되었다. 그 시작은 중국판 트위터인 '웨이보Weibo,微博'에서 받은 한 통의 쪽지였다. 중국의 어느 지역 방송사에서 재직 중인 작가가 보낸 메시지였다. 한국 방송사에서 드라마 공모전을 연다는 소식을 듣고 참가하고 싶다며, 내게 드라마 대본과 에피소드별 줄거리, 인물 소개 등의 번역을 의뢰한 것이다. 외국인이 한국 드라마 공모전에 참가한다? 신선하고 놀라웠다. 한류 열풍의 또 다른 파급력일까 싶었다. 외국인이 한국 드라마 공모전에 참가한다는 것도 놀라웠지만, '대본을 번역하는 일’이 있다는 사실이 내게는 더 신선한 충격이었다. 흔히 ‘번역’하면 기술 번역과 영상 번역, 출판 번역 등을 떠올리기 마련인데, ‘대본(시나리오) 번역’이라니! 한때 지역 방송사에서 방송 작가 일을 했던 내게 ‘대본을 번역한다는 것’은 그 자체만으로도 무척이나 가슴 설레는 일이었다. 나는 주저 없이 중국 작가의 제안을 바로 받아들였다.

2회분의 드라마 대본과 에피소드별 줄거리와 인물 소개까지 100페이지에 가까운 분량. 더구나 한 편이 아니라 총 두 편의 스토리. 다 합하면 200페이지에 맞먹는 양이다. 공모전 마감까지 남은 시간은 대략 2주. 2주 만에 두 편을 모두 작업하기란 불가능해 보였다. 결국 나는 한 편만 맡기로 하고, 다른 한 편은 중국 작가가 다른 번역가에게 맡겼다. 그렇게 얼떨결에 시작된 2주간의 번역 작업. 사실은 무척 걱정스러웠다. 드라마 공모전 심사위원들이 보게 되는 건 중문판이 아닌 한국어판이다. 그만큼 번역 결과물이 심사에 큰 영향을 미칠 것이다. 원문을 훼손시키지 않으면서도 심사위원들의 이목을 끌 수 있도록 맛깔나게 번역해야 한다. ‘번역’ 그 이상의 것이 필요했다. 처음 도전해 보는 ‘시나리오 번역’은 설렘보다 묵직한 긴장감을 안겨 주었다. 그렇게 2주를 빠듯하게 보냈다.

번역을 마치고 공모전 홈페이지에 업로드를 하는 날. 가슴이 마구 뛰기 시작했다. 마치 내 창작품으로 공모전에 직접 참가하는 기분마저 들었다. 신문기사나 행사 브로슈어를 몇 차례 번역해 본 적이 있긴 했지만, 그때는 '사실 전달'이 주목적이어서 '창작'보다는 '정확한 번역'에 중점을 뒀다. 그런데 드라마 대본 번역은 또 다른 영역이었다. 단순히 외국어를 우리말로 옮기는 게 아니라 창작자의 입장에서 번역문을 써야 했다. 신문기사를 번역하려면 기자의 소양이 필요하듯, 드라마나 영화를 번역하려면 시나리오 작가의 소양이 필요한 것이다. 첫 시나리오 번역 작업을 하면서 번역에 대한 생각을 다시 정립하게 됐다.

그리고, 그때 알았다. 시나리오 번역이 두근두근 설레는 행복을 준다는 걸. 인생의 마지막 종착역으로 생각했던 '번역가의 삶'은 그렇게 시작되었다.

시나리오 번역, '실력'보다 중요한 것

내가 맡은 시나리오의 번역을 마치고 나니, 다른 번역가가 작업한 결과물도 내심 궁금해졌다. 시나리오 번역이 처음이었던지라 다른 번역가는 어떻게 번역을 했는지 보고 배우고 싶었다. 중국 작가에게 다른 번역가가 작업한 번역본을 보여 줄 수 있냐고 물어봤더니, 작가는 망설임 없이 중국어 원본과 함께 번역본을 보내 주었다.

먼저 중문판부터 훑어보았다. 내가 번역했던 내용만큼 소재가 참신하고 좋았다. 줄거리에 금방 빠져들어 빠르게 읽어 나가다가 한껏 기대에 들떠 한국어 번역본을 열어 보았다. 또 다시 두근두근. '나 같은 초보가 작업한 번역본과는 비교도 할 수 없을 만큼 멋진 대사들이 넘쳐나지 않을까? 분명 많은 걸 배울 수 있을 거야.' 두 눈을 반짝이며 한국어 번역본을 차근차근 읽어 가기 시작했다. 쭉쭉 읽어 내려가면서 연신 감탄하게 될 거라 생각했는데, 뭔가가 좀 이상했다. 한 줄을 제대로 넘기지 못하고, 여러 번 반복해서 읽어야 했다. 이해가 안 되는 문장들이 많았다. 내가 이해를 못 하는 걸까, 아니면 중문판을 잘못 읽었던 걸까? 중문판을 옆에 펼쳐 놓고 한 문장씩 대조하며 살펴보기 시작했다. 한참을 들여다보던 나는 무릎을 탁 내리쳤다. 아, 이게 문제였구나. 너무나 솔직한 '직역'.

중국어는 한국어와 어순이 다르다. 중국어를 그대로 직역하면 본의 아니게 우스꽝스러운 표현이 되어 버릴 때가 있다. 이럴 때는 앞뒤 어순을 바꿔 보거나, 머릿속으로 이해한 의미를 토대로 의역을 하면 훨씬 더 매끄러워진다. 감탄하며 읽어 내려가길 바랐던 그 번역본은 뜻밖에도 '너무나 솔직한 직역판'이었다. 공모전 마감 시간까지 며칠 남지 않은 상황에서 나는 이 사실을 중국 작가에게 솔직히 이야기해 줘야 하나 말아야 하나 한참을 고민했다. 사실 그냥 지나쳐도 그만이다. 한국어를 전혀 하지 못하는 중국 작가가 이 사실을 알 리 없으므로. 과한 오지랖은 아닐까 망설이던 찰나, 중국 작가가 내게 했던 말이 떠올랐다. '한국에서 활동하는 작가가 되는 게 나의 꿈이야.' 나는 결국, 중국 작가에게 내 생각을 솔직히 털어놓았다.

중국 작가의 말로는 어느 대만 방송국에서 소개해 준 한국인의 번역본이라고 했다. 대만 방송국이 한국의 모 대형 엔터테인먼트와 합작으로 일을 할 때, 그 사이에서 종종 번역을 맡았던 사람이라고. 그렇다면 분명 초보는 아닐 텐데 한국인인 내가 읽기에도 의미를 알 수 없는 부분들이 곳곳에 많았다. 마치 번역기를 돌린 것처럼 '너무나 정직한' 직역본 앞에서 나는 혼란스러워졌다. 혼란스러운 건 중국 작가도 마찬가지였다. 공모전 마감까지 5일을 앞둔 시점, 중국 작가는 결국 내게 교정을 부탁했다. 그리고 이 작업은 '교정'이 아닌 '재번역'이 되었다. 3~4일을 밤낮없이 수정한 끝에 무사히 마감일을 맞출 수 있었고, 우리는 그제야 한숨을 돌렸다.

만약 내가 그 번역본을 보지 못했더라면, 그 직역본이 심사위원들 손에 전달됐으리라. 심사위원들은 직역본을 보고 뭐라고 생각했을까? 나보다 경력이 오래됐을 그 번역가가 번역기 돌리듯 작업해 놓은 이유는 무엇이었을까?

경험만큼 값비싼 공부는 없다고 했다. 시나리오 번역 초보

　시나리오 번역, 설레는 첫만남

였던 나는 평생이 가도 잊을 수 없는, 아주 커다란 경험을 한 셈이었다. 맨땅에 헤딩하듯, 낯선 이 분야에 발을 내딛었던 나는 그 일을 통해 많은 걸 배웠다. '프로냐, 아마추어냐' 하는 건 실력이 아니라 기본적인 자질, 즉 '책임감'에 있는 것이다. '이게 바로 내 일'이라는 자부심으로, 주어진 상황 속에서 최선을 다해 내는 책임감. 제아무리 빛나는 번역을 한다 해도 그런 책임감 없이는 그저 빛바랜 번역이 될 수밖에 없다.

어느새 나는 시나리오 번역가가 되었다

드라마 공모전 작품 번역으로 번역가의 삶을 시작하기 전, 나는 약 3년을 중국의 대학에서 한국어 강의를 했었다. 그러던 어느 방학, 한국을 들락날락하던 내게 엄마가 물으셨다.

"너는 앞으로 최종 목표가 뭐야?"

예상치 못했던 갑작스러운 질문이었다. 멍해진 눈으로 잠시 멈춰 있던 나는 무의식중에 대답했다.

"번역가."

어쩌다 그런 대답이 불쑥 튀어나왔는지, 사실 나는 지금도 어리둥절하기만 하다. 번역하며 사는 게 인생 마지막 목표라고 생각은 했었지만, 그때까지만 해도 구체적인 계획이나 준비가 전혀 없었다.

그런데 '말'이라는 건 실로 참 무서운 것이다. 입 밖으로 꺼냈던 '번역가'라는 말 때문인지 그해 가을부터 나는 본격적으로 중국 원서에 관심을 가지면서 번역에 대한 생각이 구체화되기 시작했다. 이후 개인적인 사정으로 갑작스럽게 귀국을 하게 되었고, 한국어 선생님으로 살던 나는 하루아침에 백수가 되어버렸지만. 하늘이 날 버리지 않았던 걸까. 그때쯤 운이 좋게도 앞서 이야기했던 드라마 공모작 번역을 맡게 되었고, 그렇게 나는 얼떨결에 번역가의 삶에 뛰어들게 되었다. 드라마 공모작 번역을 마친 뒤, 중국 SNS를 통해 알게 된 또 다른 중국 작가한테서 시나리오 번역 제의를 받았다. 한중 합작을 목표로 써 둔 영화 시나리오라고 했다. 일면식도 없던 작가한테 연이어 번역 의뢰를 받으니 좀 의아했다. 어떻게, 뭘 믿고 나에게 번역을 맡기냐고 묻자 작가는 내게 말했다. 그동안 내가 중국 SNS에 올리던 글들이 마음에 들었고, 본인과 성향이 비슷하다는 걸 알 수 있었다고. 아, 이 세상에 어떤 일이든 해 두면 나쁠 게 없다더니. 중국 SNS를 열심히 했던 게 번역업계로 진입하는 발판이 되어 줄지 누가 알았겠는가.

이번에는 장장 A4 용지 150페이지에 이르는 영화 시나리오. 전부 출력하고 나니 묵직한 무게감이 느껴졌다. 그 무게만큼이나 어떤 스토리일지 호기심과 기대도 엄청나게 컸는데, 그 순간 다시 한 번 가슴이 설렜다. 매번 이렇게 날 설레게 하는 시나리오 번역. 그래, 이제부터 난 '설레는 번역가'가 되는 거다.

그 이후 또 한 번 중국 SNS를 통해 중국 제작사의 직원과 연결이 되었고, 맡게 되는 작품들이 차차 늘어갔다. 번역했던 시나리오를 한국 제작사 혹은 한국 배우들이 '마음에 든다'고 중국 제작사에 피드백을 주기 시작하면서였다. 중국 제작사에서는 다른 작품이 있을 때마다 연결을 해 주기도 했고, 동종 업계의 지인들이 번역가를 찾을 때 소개해 주기도 했다. 나는 그렇게 조금씩 활동 영역을 넓혀 갔다. 그리고 약 1년쯤 흘렀을까. 그제야 비로소 '아, 이게 내 길이구나' 싶은 생각이 들었다. 베테랑 번역가들에 비하면 턱없이 짧은 경력이었지만, 내게는 길고도 긴 시간이었다. 내가 이 일을 얼마나 더 할 수 있을까, 본격적으로 계속 할 수는 있는 걸까, 잘해 나갈 수 있을까, 하는 고민을 치열하게 해 왔던 시간들. 아무것도 모르는 생초보가 그 시간들을 견뎌 왔던 건, 결코 실력이 있어서가 아니었다. 매 작업 때마다 스스로와 했던 약속, '이번에도 내 진심과 최선을 다하자' 덕분이었다. '완벽한 번역을 했다'는 자신은 없지만, '진심과 최선을 다했는가'에 대해서만큼은 나 자신을 걸고 '그렇다'고 말할 수 있다.

그렇게 나는 시나리오 번역가가 되었다. 새 작품을 번역할 때마다 가슴이 뛰어 주체가 안 되는 '설레는 번역가'. 긴장할

때 가슴이 뛰는 것과 좋아하는 일을 할 때의 그 벅찬 두근거림
은 확연히 다르다는 걸 깨달았다. 말로 표현할 수 없는 그 설렘
을 시나리오 번역 속에서 찾았다. 그게 지금까지 이 일을 할 수
있게 에너지를 불어넣어 주는 동력이 되었다. 덕분에 이제는
조금 더 확신과 자신감을 가지고 일을 한다. 때때로 좌절하기
도 하고 스트레스에 머리가 아프기도 하지만, 그때마다 이 설
렘을 기억하려 한다. 이 두근거림을 간직하려 한다.

시나리오 번역의 특성

무엇을 위한 번역인가?

시나리오 번역을 한다고 하면 의아해하는 이들이 많다. 특히 한중 합작품이 어떻게 만들어지는지 잘 모르는 경우는 더욱 낯설어한다. 흔히 우리가 알고 있는, 영화관 스크린에서 볼 수 있는 자막이나 케이블 TV에서 방영되는 작품의 자막은 영상 번역에 의해 탄생한다. 말 그대로 영상이 기초가 되어, 영상을 위한 번역을 하는 것이다. 그렇다면 시나리오 번역이란 뭘까?

중국과의 합작이 늘어나면서 '한중 합작'이라는 이름으로 탄생하는 드라마 및 영화들이 기하급수적으로 증가했다. 대부분은 한국의 배우들이 중국에 진출해 중국 배우와 함께 주연을 맡는 경우인데, 바로 이때 '시나리오 번역'이라는 작업이 필요하다. 중국에 진출하는 한국 배우들이 단시간 내에 중국어를 습득하기란 쉽지가 않고, 촬영에 참여하는 한국 스태프 역시 중국어에 서툴 수밖에 없기 때문이다. 중국 작가가 쓴 대본이라면 한국어로 번역해 한국어판 대본으로 만드는 과정이 필수인데, 이게 바로 '시나리오 번역'의 영역이다.

영상 번역은 촬영 및 편집이 모두 끝난 영상을 바탕으로 방영 혹은 상영 전에 자막을 입히기 위해 진행하는 작업이라면, 시나리오 번역은 작품의 기획 단계에서 제작을 위해 진행하는 작업이다. 그렇기 때문에 시나리오 번역 과정을 거친 작품이라고 해서 반드시 영상물로 탄생하지는 않는다. 여러 가지 여건상 제작이 무산되는 경우, 시나리오가 그대로 묻혀 버리기도 하니까. 내 손을 거쳐간 아이들(?) 중, 아직도 빛을 보지 못하고 저기 어딘가에 텍스트로만 잠자고 있는 아이가 많은 이유 또한 그 때문이다. 시나리오 번역가로서 감당해야 할 아쉬움이랄까.

누구를 위한 번역인가?

영상 번역은 영화관을 찾는 관객 혹은 TV를 통해 작품을 보게 될 시청자를 위해 거치는 작업이다. 해당 언어를 모르는 사람들이 작품을 감상할 수 있도록 한국어 자막을 만드는 일이다. 그러나 시나리오 번역은 다르다. 작품의 제작 단계에서 작업이 진행되기 때문에 자막이 아닌 대본의 형태로 탄생한다. 중국 작가가 쓴 대본을 한국어로 번역하여 한국어판 대본으로 완성시키거나, 한국 작가가 쓴 대본을 중국어로 번역하여 중국어판 대본으로 완성시키는 작업이다. 그러므로 영상 번역과는 달리 관객이나 시청자들이 시나리오 번역가의 작업물을 볼 기회가 없다.

번역된 시나리오의 쓰임새는 다양하다. 배우 캐스팅 전이라면, 캐스팅을 위한 대본으로 기획사에 전달된다. 캐스팅 작업이 끝나고 난 후에는, 배우가 현장에서 이 대본을 보며 연기를 한다. 한국 스태프가 작품 제작에 참여할 경우 역시 스태프들이 이 대본을 보게 된다. 결국 시나리오 번역가가 번역한 대본을 가지고 제작이 이뤄지기 때문에 '번역본이 아니라 원본'인 것처럼 '작가'가 되어 작업해야 한다. 마치 내가 직접 써 낸 대본처럼 이질감 없이 자연스럽게. 그래서 나는 시나리오 번역을 할 때면, 작가 모드로 바뀐다.

무엇으로 번역을 할까?

동영상을 보면서 작업해야 하는 영상 번역은 다양한 영상 번역 툴을 사용한다. 단순히 자막 번역만 하는 게 아니라, 자막이 언제 들어가고 빠질지 타임코드를 설정해야 하기 때문이다.

그러므로 영상 번역을 하려면, 번역 실력도 중요하지만 프로그램 활용법까지 능숙하게 익혀야 한다. 시나리오 번역은 다행히도(?) 이러한 별도의 프로그램이 필요 없다. 즉, 문서 프로그램만 있으면 번역을 할 수 있다. 한국에서는 '한글' 프로그램을 주로 활용하지만, 중국과 일을 할 때는 '워드' 프로그램을 쓰는 게 좋다. '한글'은 한국 프로그램이기 때문에 중국 현지에서는 한글 프로그램을 설치해 두지 않은 이상 파일이 열리지 않는다. 그래서 나는 시나리오 번역을 할 때 주로 워드 프로그램을 이용한다.

　원문으로 쓰인 시나리오를 보면서 번역을 해야 하므로 컴퓨터 화면에 두 개의 문서 프로그램을 양쪽으로 열어 놓고 작업한다. 작업을 시작하기 전이면 늘 새하얀 백지에 한 글자씩 채워 나가야 한다는 생각에 부담이 확 밀려온다. 전체적인 틀부터 번역본 자체의 구성이 번역가에게 전적으로 달려 있기 때문이다. 대사만 있는 게 아니라 행동을 지시하는 지문이 많기 때문에 지문과 대사를 어떤 식으로 구성해서 써 나가는지가 '보기 편한 번역본'이 되느냐 '보기 불편한 번역본'이 되느냐를 결정짓는다. ('보기 편한 번역본'에 대해서는 뒤에서 다시 언급하기로 한다.) 번역뿐만 아니라 전체적인 틀이나 구성까지 신경 써야 한다는 게 귀찮고 번거로울 수도 있다. 그러나 내가 주체가 되어 스스로 대본(번역본)을 꾸며 간다는 건, 딱딱한 번역 작업에 자그마한 즐거움이 되기도 한다.

시나리오 번역의 진행 과정

똑똑, 번역해 주세요!

시나리오 번역 과정은 '번역을 의뢰받는 그 순간' 시작된다. 한국의 번역 회사나 한중 합작 작품을 준비하는 한국 제작사 등으로부터 의뢰를 받는 경우도 있지만, 나의 경우는 주로 중국 제작사와 일을 해 왔기 때문에 보통 중국 제작사로부터 의뢰를 받았다. 한 번 작품을 같이 했던 제작사이거나, 그 제작사 직원이 다른 제작사에 추천을 해 주거나 하는 식이다. 그렇다 보니 대체로 중국의 대표적인 모바일 메신저 '위챗Wechat'으로 번역 의뢰가 들어온다. 우리가 카카오톡을 주로 사용하듯 대부분의 중국인들이 위챗을 쓰기 때문에 중국 관계자들과 소통하려면 위챗 사용은 필수다.

'이러이러한 작품이 있는데, 번역해 줄 수 있느냐'는 의뢰를 받고 나면 일단 스케줄부터 확인한다. 무엇보다 중요한 것이 바로 기한이기 때문이다. 현재 하고 있던 작업이 있거나, 향후 진행될 작업이 있는데 욕심이 난다고 덜컥 맡겠다고 나서는 건 리스크가 너무나 크다. 무리해서 번역 일을 받았다가 제대로 해내지 못할 경우, 신뢰를 잃게 되고 그게 결국엔 다음 작업으로 이어지지 않는 결정적인 이유가 될 수도 있으니까. 그러므로 제작사에서 바라는 기한을 맞출 수 있을 때 일을 받는 게 좋다. 일정 확인이 끝났다면, 그 다음 고려할 부분은 역시 번역료이다. 제작사마다, 번역가마다 번역료를 책정하는 방법이나 기준이 각기 다르다. 글자 수를 기준으로 책정하는 경우도 있고, 페이지 수를 기준으로 하는 경우도 있으며, 장편 작업일 경우에는 편의를 위해 회당 가격을 정해 놓고 시작하기도 한다. 관계자가 제시하는 금액을 들어 보기도 하고, 내가 수용할 수 있을 정도의 기준을 생각하면서 최대한 여러 번 소통을 하며 결정하는 것이 좋다.

번역 기한과 번역료 등에 큰 문제가 없다면, 계약서를 작성한다. 하지만 계약서에 사인을 하기 위해 비행기를 타고 당장 중국으로 갈 수는 없는 노릇. 그 때문에 보통은 이메일로 계약서를 주고받은 뒤, 검토 후 별다른 문제가 없다 싶으면 사인을 해서 국제 우편으로 발송한다. 간혹 이메일로만 주고받는 경우도 있으나, 직접 주고받아야만 법적 효력이 생긴다는 말이 있기 때문에 중국 제작사에서 먼저 국제 우편으로 발송해 주기를 요구하기도 한다. 번역 작업에 대한 계약서 외에 추가로 사인해야 하는 문서가 덧붙여질 때도 있다. 바로 '비밀 유지 협의서'! 시나리오 번역이 작품 제작 단계에서 진행되다 보니, 시나리오의 내용 혹은 캐스팅 배우 관련 정보가 사전에 유출되면 안 되기 때문이다. 그럴 때는 비밀 유지 협의서에 사인을 하고 작업을 시작하는데, 그때마다 왠지 국가 기밀이라도 손에 넣은 듯 비장한 기분이 들기도 한다.

계약서를 반드시 늘 주고받는 것은 아니다. 특히 한국 제작사나 에이전시를 통해 번역 의뢰를 받는 경우, 따로 번역 계약서를 작성하지 않는 경우가 더 많지만, 비밀 유지는 번역가가 기본적으로 지켜야 할 의무 사항이다.

지금까지는 번역을 위한 준비 과정이었다. 진짜 번역 작업은 시나리오가 도착하는 순간부터 시작된다. 보통은 이메일을 통해 받는데, 장편의 경우는 작가가 시나리오를 쓰고 번역가가 번역하는 작업이 동시에 진행될 때가 많아서 대부분 실시간으로 대본이 전달된다. 대본을 열기 위해 마우스를 클릭하는 그 순간, 번역 작업 중 가장 설레고 긴장되는 순간이다. 어떤 내용들이, 어떤 인물들이 담겨 있을까 하는 기대감과 두근거리는 그 감정은 중독적일 만큼 짜릿하다.

시나리오를 받았다고 해서 바로 번역을 시작하진 않는다. 작품에 대한 배경지식이 전혀 없는 상태이므로 번역을 시작하기 전에 일련의 준비 과정을 거쳐야 한다. 시나리오 외에 시놉시스나 인물 소개 등 기타 자료가 있다면, 제작사에 요구하여 받아 보면 좋다. 자료가 없다면 일단 받은 시나리오를 전체적으로 훑어보면서 대략의 스토리를 파악하고, 등장인물을 따로 정리하여 인물 관계도를 만든다. 인물 이름을 설정하고 각 인

물의 캐릭터를 파악하고, 그에 맞게 말투를 설정하는 것 역시
이 단계에서 빼놓아선 안 되는 중요한 작업이다. 한국어는 존
댓말과 반말을 구별해 사용하므로, 중한 번역을 할 때는 각 인
물들 간의 관계 파악이 무엇보다 중요하다. 내용 및 캐릭터를
어떻게 파악하고 분석하느냐에 따라 번역 품질이 크게 달라진
다. 그만큼 '제대로 번역하기 위한 초석을 다지는 단계'를 반드
시 거쳐야 한다.

끙끙, 초벌 번역의 시간들

준비 과정이 어느 정도 끝나면, 본격적으로 번역을 시작한
다. 말 그대로 초벌 번역인데, 번역가에 따라 처음부터 꼼꼼하
게 번역을 하는 사람도 있고 일단 초벌 번역을 빠르게 마친 후
검토를 하는 사람도 있다. 나의 경우는 후자에 속한다. 처음부
터 여유를 갖고 시작하기에는 기한이 타이트한 경우가 많아서
이기도 하고, 일단 한 번 번역을 빠르게 마친 후 다시 처음으로
돌아가서 검토를 하면 전체적인 윤곽까지 눈에 잘 들어오기 때
문이다. 정답은 없다. 이런 방법, 저런 방법을 다 써 보면 본인
에게 맞는 작업 방식을 찾을 수 있다.

 시나리오 번역, 설레는 첫만남

번역 과정 중 어느 단계가 가장 중요할까? 나는 마지막 단계인 검토를 꼽고 싶다. 처음부터 다시 읽어 보면서 어색한 표현이나 오탈자 등을 바로 고치는 단계인데, 기한이 촉박한 경우에는 최소 1~2번, 여유가 있을 경우에는 4~5번까지도 검토를 한다. 특히 배우가 현장에서 이 대본을 보며 연기를 해야 하기 때문에 대사 부분을 좀 더 중점적으로 검토한다. 직접 입으로 읽고 연기를 해 가면서 부자연스러운 입말들을 자연스럽게 고친다. 번역을 하는 동안 작가 모드로 빙의했다면, 검토를 하는 동안에는 배우 모드로 빙의하는 것이다. 기한이 촉박하여 혼자하는 작업이 버거울 때는 어시스트를 두고 함께 검토를 하기도 한다. 2015년에 작업했던 한중 합작 드라마 〈나의 남신我的男神〉의 경우가 그랬다. 어시스트는 번역가가 아닌 제3자의 눈으로 봐 주기 때문에 내가 미처 잡아내지 못한 부분까지 세세하게 바로잡아 준다.

간혹, 이어지는 수정 작업

검토까지 마친 뒤 번역본을 제작사에 발송하고 나면 시나리오 번역 과정은 일단 끝이 나고, 그 뒤에는 작품에 따라 수정 작업이 이어지곤 한다. 작가가 시나리오를 여러 차례 수정할 경우에는 번역본도 여러 차례 수정해야 한다. (그러므로 계약서를 쓸 때, 번역본 수정이 필요한 경우 그 비용은 어떻게 책정할 것인지 확인하는 게 좋다.) 수정까지 마치고 나면 최종 번역본이 배우의 손에 전달되고, 이로써 시나리오 번역의 과정은 끝이 난다. 이 모든 과정은 드라마의 경우 2~3개월이 걸리기도 한다. 두세 달을 꼬박 몸담고(?) 있던 작품을 마무리 지을 때, 그때의 기분은 홀가분함보다 아쉬움이 훨씬 크다. 두세 달 동안 열렬히 사랑했던 애인을 훌쩍 떠나보내는 기분이랄까. 제일 처음, 시나리오를 열어 보며 느끼던 그 설렘이 연애 초기의 달달함 같다면, 번역을 마치고 발송하는 순간 느껴지는 그 허탈함은 애인과 헤어질 때의 감정과 사뭇 비슷하다. 이렇듯 나는 매번 작품을 만날 때마다 연애를 한다. 설레면서 작품 속 인물들을 만났다가, 아쉬워하면서 그들을 떠나보낸다.

　　　시나리오 번역, 설레는 첫만남

시나리오 번역의 희로애락

喜(희)

5000만 한국인. 그들은 모르는 무언가를 나 혼자만 알고 있다는 기분, 왠지 무서우면서도 짜릿한 그 기분을 시나리오 번역을 하면서 종종 느낀다. 중국 제작사에서 한중 합작 작품을 준비하는 경우, 일단 작품 정보나 캐스팅하길 원하는 배우 리스트 등을 한국 제작사에 발송하는데 그 번역 작업에 투입되면 바로 그 짜릿한 기분을 느끼게 되는 것이다. 즉, 작품 정보, 캐스팅 예정인 배우 등등 모든 정보를 한국 땅에서 시나리오 번역가가 제일 처음 접한다. 별거 아닐 것 같은 이 단순한 사실이 길고 긴 작업 기간에 지칠 때마다 꽤나 큰 원동력이 되어 주었다.

그 짜릿한 기분 외에도 작업에 대한 사명감 역시 시나리오 번역가가 느낄 수 있는 기쁨 중 하나다. 번역본을 받아 보게 될 한국 제작사나 기획사 혹은 배우를 생각하다 보면 행복한 사명감이 느껴진다. 번역 품질에 따라 한중 합작이 순조롭게 성사되거나 반대로 엎어지기도 하고, 배우의 캐스팅 여부가 좌우되기도 하기 때문이다. 그래서 다소 무겁지만 '행복한' 책임감과 사명감을 갖고 일한다.

怒(로)

중국인의 특성을 이야기할 때, 제일 많이 언급되는 게 있다면? 아마도 '만만디慢慢的'가 아닐까. '빨리빨리'에 익숙한 한국인과 달리 중국인의 느긋하고 여유로운 태도를 지칭하는 말이다. 그.런.데. 시나리오 번역가로 일하면서 여러 번 느꼈다. 다른 건 몰라도 이 분야에서만큼은 중국인도 절대 '만만디'가 아니라는 걸.

한중 합작 작품은 작가가 시나리오를 쓰면 번역가가 이어 받아서 번역하는 과정으로 진행된다. 일반적인 경우와 비교했을 때, 시나리오 하나가 완성되는 데에 두 배의 시간이 걸리는 것이다. 그렇다 보니 제작 과정에서 서두를 수밖에 없는데, 문제는 유독 번역 작업 시간을 단축시키려는 경우가 많다는 것이다. 예고 없이 '훅' 하고 들어왔다가 또 다시 '훅' 하고 빠져나가

 시나리오 번역, 설레는 첫만남

는 것처럼, 갑자기 작업물을 넘겨주고는 되도록 빨리 해 달라고 주문하는 일이 부지기수. 번역을 제2의 창작으로 보지 않고 단어와 단어의 1대 1 대체 정도로 생각하는 제작사일 경우에는 특히 심하다. 그럴 때마다 화가 난다. 작가가 시나리오를 창작하는 시간만큼은 아니어도 번역가 역시 작품을 이해하고 다른 언어로 풀어 낼 수 있는 충분한 시간을 줘야 하는 것 아닐까. 그 사실을 이해하지 못하고 '최상의 품질을 유지하되 무조건 빨리'를 강조하는 경우를 여러 번 접한다. '번역 역시 충분한 시간이 필요하다'라고 어필을 해 보긴 하지만, 일을 하면 할수록 번역 품질만큼 스피드 역시 번역가가 갖춰야 할 중요한 능력이라는 사실을 인정할 수밖에 없다. 그 덕분에(?) 하루에 시나리오 1회분씩 매일 번역해야 하는 강행군을 한 적도 있었지만, 또 그 덕분에 많은 공부가 되었다고 지금은 웃으면서 이야기할 수 있다. 돌이켜보면 하루하루를 수행하는 기분으로 컴퓨터 앞에 앉아서 버티고 또 버텼던, 참으로 고된 시간들이었다. 허락되지 않은 그 '만만디' 때문에.

哀(애)

"요즘도 바쁘지?"

언제부턴가 지인들의 안부 인사가 '잘 지내?'에서 '바쁘지?'로 바뀌었다. '훅 들어왔다 훅 빠지는' 시나리오 번역의 특성 때문에 나는 어느새 늘 바쁜 사람이 돼 버렸다. 일단 작업이 시작되면, 기한을 맞추기 위해 번역에 매진해야 하기 때문이다. 오전에 작업을 시작해 중간 중간 식사를 하고, 틈틈이 잠깐 몸을 일으키는 것 외에 밤까지 계속되는 작업. 더구나 드라마 시나리오 번역의 경우, 기한이 촉박하면 주말도 없이 꼬박 일만 할 때도 있다. 그럴 때면 지인들과의 약속은 자연스럽게 '내가 괜찮은 시간'으로 맞춰진다. 참으로 미안한 일이 아닐 수 없는데, 그만큼 바쁜 나를 이해해 주는 '진짜' 내 사람들만 옆에 남는다.

"아, 내 어깨, 내 허리, 내 눈……"

이건 비단 시나리오 번역가만의 비애는 아니다. 온종일 컴퓨터 앞에 앉아서 일하는 사람들이라면, 대부분이 느끼는 비애일 테니까. 아침부터 밤까지, 간혹 새벽 늦게까지 번역을 하다 보면 어깨, 허리, 다리, 손목, 손가락까지 안 아픈 곳이 없다. 길고 긴 작업을 마치고, 자려고 누우면 혈액순환이 잘 되지 않아 퉁퉁 부은 다리가 아파서 밤새 뒤척이기도 한다. 더구나 장시간 모니터를 바라보고 있다 보니 눈이 충혈되는 건 예삿일이고, 나의 경우는 각막 궤양을 앓기도 했는데(재발에 또 재발하면서 4번이나 겪었다!), 번역 기한을 미룰 수 없어 선글라스를 끼고 일을 한 적도 있었으니 말 다했다. 이 세상에 힘들지 않은 일이 있겠냐만은, 이렇게 할 일은 많고 몸은 따라 주지 않는 상황이 닥칠 때마다, '나 자신과의 싸움'에 대해 생각한다. 번역 실력이 아무리 뛰어나도 내 몸과의 싸움에서 진다면, 모든 게 소용없어져 버린다.

"아, 프리랜서여……"

시나리오 번역가는 프리랜서다. 즉, 소속이 없다. 이는 분야를 막론하고 대부분의 번역가에게 해당되는 얘기다. 일이 있으나 없으나 출퇴근을 해야 하는 직장인이 아니라는 점, 내 시간을 자유롭게 활용할 수 있다는 점은 장점이기도 하지만, 이게 곧 또 다른 비애가 되기도 한다. 출퇴근을 할 필요가 없으니 자기 관리를 철저히 하지 않으면 곧장 게으름파 대열에 들어서게 된다. 바쁠 때는 직장인보다 훨씬 더 많은 시간 동안 일하지만, 일이 없을 때는 그 공백 역시 대단히 크다. 일 없이 텅 비어 있는 시간이 하루 이틀 이어지다 보면, 슬슬 불안한 마음과 함께 스트레스가 몰려온다. 언제 또 다른 작품이 나에게 올까, 하는 불안감. 이대로 일이 더 이상 들어오지 않으면 어쩌지, 하는 두려움. 그러고 보면 번역가의 삶은 설렘과 불안의 연속이다.

이 길에서 오래 살아남으려면, 자기만의 전략이 필요하다. 작품을 맡을 때마다 최선을 다하는 것은 기본이요, 시나리오 번역 외에도 관련 분야에서 할 수 있는 일을 개발해야 하며, 공백기가 왔을 때는 다음 번역을 대비해 독서를 하거나 다양한 경험을 해야 번역가로서의 생명이 길어진다.

樂(락)

"배우가 이번 시나리오 번역이 마음에 든대요."

"한국 제작사 쪽에서 번역이 좋았다면서 번역가님을 소개해 달래요."

빡빡하게 돌아가는 작업에 지치다가도 이런 얘기를 들으면 바짝 굳었던 마음이 스르르 녹아 흘러내린다. '(번역본) 빨리~ 빨리~'에 속이 문드러지고, 쉴 틈 없이 바쁜 일정에 온몸이 다 쑤시고 아파도 지금껏 이 일을 놓을 수 없었던 건, 관계자에게 듣는 저 한 마디 때문이었을지도 모른다. 힘들어도 저 한 마니를 가슴에 담고 묵묵히 달려왔고, 지금도 달리고 있다.

혼자 일해야 하는 건 프리랜서의 숙명. 내가 잘하고 있는지 피드백을 받고 싶다는 생각이 종종 들지만, 혼자 일을 하다 보니 피드백을 해 줄 상사나 동료가 없다. 객관적으로 내 실력을 판단하기가 어렵기 때문에 외줄 타듯 위태위태한 순간이 많다. 그래서 같이 일을 하던 관계자가 단 한 마디라도 긍정적인 이야기를 들려주면 그렇게 즐거울 수가 없다. 특히 시나리오를 받

 시나리오 번역, 설레는 첫만남

아 든 배우가 번역본을 마음에 들어했다는 건, 나를 방방 뛰게 만드는 '신나는 찬사'다.

앞서 이야기했듯이 시나리오 번역 과정에는 영상이 없다. 오로지 번역을 하며 나 혼자 머릿속으로 그려 보는 '가상의 영상'만 있을 뿐이다. 이 장면은 이런 곳에서 이렇게 나오지 않을까? 이 장면은 배우가 이런 모습으로 연기를 하지 않을까? 온갖 상상력을 총동원해야 한다. 그렇게 작업했던 시나리오가 훗날 '진짜 영상'으로 짜잔-하고 완성되었을 때, 그 영상을 보는 기분은 말로 표현할 수가 없다. 힘들게 일했던 시간들이 주마등처럼 흘러가면서 뿌듯함과 함께 짜릿한 전율이 느껴진다. 내가 상상했던 장면들과 비교를 해 보기도 하고, 부족하게만 느껴지던 번역본임에도 100% 이상으로 캐릭터를 제대로 살려내는 배우를 보며 감탄하기도 한다. 그리고 배우의 입에서 (비록 중국어로 더빙이 되었을지언정) 나의 번역으로 탄생한 대사가 흘러나오는 순간, 그 어느 때보다 행복하고도 뿌듯하다. 번역가의 삶을 가장 함축적으로 느낄 수 있는, 짧막하지만 깊이 있는 순간이다.

Chapter 2

시나리오 번역, 인연 만들기

세 마리 토끼부터 잡자!

중국어, 얼마나 잘해야 할까?

"중국어 번역가가 되려면 통번역 대학원은 필수인가요?"
"新HSK 6급을 땄어요, 번역가가 되기에 적당한가요?"
"중국에서 오래 살았던 사람이 유리한가요?"

이메일, 쪽지, 블로그 등을 통해 중국어 번역에 관한 질문을 수없이 받는다. 가장 많이 받는 질문이 바로 '중국어'에 대한 것. 중국어 번역가가 되려면 중국어는 당연히 잘해야 한다. 한국어를 못하는 외국인이 한국어 번역을 할 수 있을까? 같은 이치다. 다만, 통번역 대학원, 新HSK 점수, 중국에서의 체류 경험이 반드시 중국어나 번역 실력과 직결되지는 않는다는 사실, 이게 가장 중요하다.

나는 통번역 대학원을 나오지 않았다. 막연하게 번역가를 꿈꿀 때는 통번역 대학원 진학을 진지하게 고민했었다. 어떤 학교가 좋을지, 시험은 어떻게 봐야 하는지 등 관련 정보를 찾아보기도 했다. 그런데 알면 알수록 그 길이 멀게만 느껴졌다. 대학원 입학시험을 준비해야 하는 것부터 합격 후 긴 시간 공부를 해야 하는 그 과정들이 당시의 내게는 많이 벅찼다. 고민 끝에 현직 번역가들에게 이메일을 보내서 '통번역 대학원이 필수인가'에 대해 자문을 구했다. 그때 돌아온 대답은 놀랍게도 전부 'NO'였다. 통번역 대학원을 나오면 그만큼 전문 지식을 더 쌓을 수 있고 덤으로 인맥까지 얻을 수 있지만, 그렇다고 번역가가 되기 위한 '필수 코스'는 아니라는 것이 일관된 답변이었다. (통역가의 경우라면 또 이야기가 달라질 수 있다.) 그럼에도 불안한 마음은 완전히 가시지 않았지만, 번역업계에 몸담고 있는 전문가들의 이야기인 만큼 믿어 보기로 하고 통번역 대학원 도전은 접었다. 실제로 내가 현직에서 일을 해 보니 그 말이 사실이었다.

新HSK 점수 역시 번역가에게는 그다지 큰 의미가 없다. 자격증 시험은 요령이나 운도 필요하기 때문에 중국어를 잘한다고 해서 반드시 新HSK 점수가 높을 거라는 보장이 없다. 반대로 新HSK 점수가 높다고 해서 반드시 중국어를 잘할 거라는 보장도 없다. 新HSK 점수와 번역은 더더욱 상관관계가 없다.

번역은 '외국어로 시작해 모국어로 끝나는' 혹은 '모국어로 시작해 외국어로 끝나는' 작업이므로 외국어 자격증 시험 점수가 크게 영향을 미치지 않는다. 번역업계에서도 번역가의 실력을 新HSK나 기타 자격증 점수로 판단하지 않는다. 번역 실력을 쌓기 위해서라면 新HSK를 공부할 시간에 원서를 한 페이지라도 더 읽는 편이 훨씬 낫다.

중국에서의 체류 경험은 번역에 도움되는 측면이 있긴 하다. 책으로만 보는 중국어와 현지에서 네이티브가 쓰는 중국어는 차이가 있기 때문이다. 책 속의 문장은 실생활에서 사용하기에는 딱딱하고 어색하다. 중국 현지에서 직접 보고 듣고 느끼면 좀 더 자연스러운 중국어를 구사할 수 있다. 중국에서 생활하면 언어뿐만 아니라 생활과 문화까지 체득하면서 배경지식이 좀 더 풍부하게 쌓이므로 번역을 할 때 도움이 된다. 그럼 번역가가 되려면 반드시 중국에서 체류를 해 봐야 할까? 나의 대답은 역시나 NO. 체류 경험을 할 기회가 있다면 더할 나위 없이 좋겠지만, 그럴 수 없는 상황이라면 간접 경험만으로도 충분하다. 바로 드라마와 영화를 활용하는 것이다. 중국인들의 삶이 고스란히 담긴 드라마와 영화는 아주 좋은 교재가 된다. 특히 시나리오 번역가에게는 별 다섯 개를 줘도 모자를 만큼 중요한 필수 교재란 걸 잊지 말자.

  시나리오 번역, 인연 만들기

"중국어 번역가면 중국어 잘하시겠네요!"

중국어 번역가라고 하면 누구나 제일 먼저 보이는 반응이다. 어느 정도는 맞다. 중국어를 이해하고 한국어로 풀어내야 하는 직업인만큼 중국어 실력은 필수다. 그런데 중국어만 잘하면 될까? 한두 문장이라도 번역을 직접 해 본 사람들은 안다. 중국어보다 더 중요한 관문이 있다는 걸. 그건 바로 한.국.어. 특히 중한 번역의 경우는 한국어 실력이 곧 번역 실력으로 이어진다. 아무리 중국어를 잘 이해해도 한국어로 제대로 표현하지 못하면 아무 소용이 없다. 머리로 이해되는 문장도 막상 한국어로 표현하려면 막힐 때가 있고, 애써 번역한 문장이 너무나 어색할 때도 많다. 그래서 번역을 하다 보면 정작 중국어가 어려워서라기보다, 번역투가 느껴지지 않도록 자연스러운 한국어로 끌어내는 과정이 더 힘들고 어렵다. 번역은 제2의 창작이고, 중국어 번역(특히 중한 번역)은 중국어로 시작해서 모국어로 끝내는 과정이라는 걸 기억해야 한다.

모국어를 잘해야 한다는 말, 사실 막연하다. 한국인이 한국어를 잘하는 건 어찌 보면 당연한 일이니까. 그러나 번역에 있어서 모국어를 잘해야 한다는 말은 단순히 한국어를 잘하면 된다는 의미가 아니다. 같은 말도 조금 더 정확하게, 조금 더 맛깔나게 표현할 수 있는 것. 즉, 번역가에 따라 다양한 표현이 나올 수 있다는 뜻이다. 마치 똑같은 레시피로 요리를 해도 셰프에 따라 맛이 달라지는 것과 같다. '오랜 시간 농익은 손맛' 혹은 '제대로 넣은 양념'이 그 맛을 좌우하듯 번역가에게는 모국어가 바로 그 '손맛'이 되고 '양념'이 된다.

　맞춤법과 띄어쓰기는 기본 중의 기본이다. 사실 시나리오 번역의 경우, 영상 번역처럼 번역한 문장이 자막으로 보여지는 일이 없기 때문에 맞춤법이나 띄어쓰기에 크게 신경 쓰지 않아도 무방할 때가 있다. 대본을 보는 배우나 스태프들이 맞춤법을 일일이 지적하는 일은 더더욱 없다. 하지만 번역가라면 맞춤법과 띄어쓰기 능력은 평소에 갈고 닦아야 한다. 그래야 시나리오 번역뿐 아니라 다른 번역 분야로 영역을 확장했을 때 제대로 실력을 발휘할 수 있다. 아무리 번역을 잘했다고 하더라도 사소한 맞춤법 실수 하나로 번역 실력을 의심받게 된다. 열 가지를 잘해 놓고도 딱 한 가지를 실수해서 전체를 망치는 경우와 같다. 평소에 틈틈이 맞춤법 및 글쓰기 관련 책을 읽어야 하며, 아는 단어라도 다시 한 번 국어사전을 검색해서 의미는 물론 맞춤법까지 확인하는 습관을 들여야 한다.

　시나리오 번역을 할 때는 같은 표현도 좀 더 톡톡 튀고 생동감 있고 재미있게 표현하도록 신경 써야 한다. 중국어를 단어 대 단어로 직역을 하면 문장이 밋밋하고 진부해진다. 한국어는 표현이 다채로운 언어이기 때문에 살짝만 다르게 표현해도 대화의 전체 분위기가 확 달라진다. 예를 들어 "清醒点没？赶紧走。"와 같은 대사가 있다고 생각해 보자. 주인공이 술에 잔뜩 취해 주정을 하고 있는 상황, 이때 친구가 물을 좌악 끼얹고 나서 다그치듯 건네는 대사다. "좀 깼지? 얼른 가자."라고 표현해도 무방하지만 어딘가 모르게 심심한 느낌이 든다. 조금 더 분위기를 살려 "정신 좀 드냐? 빨리 가자 했다."라고 표현하면 화가 난 친구의 모습이 조금 더 생생하게 그려진다. (실제로 번역 강의 중 한 학생이 썼던 표현이다.) 이렇게 같은 상황, 같은 대화도 조금 더 느낌 있게 표현할 수 있도록 '맛깔나는 한국어 표현'을 많이 익혀 두는 게 좋다.

번역을 잘하고 싶은데 한국어 실력에 갈증이 느껴질 때, 셰프가 되어 보자. 맞춤법과 띄어쓰기를 베이스로 잘 깔아 둔 뒤, 그 위에 맛깔나는 표현으로 양념을 톡톡 뿌리는 것이다. 무미건조하고 심심했던 시나리오가 한 순간 확 살아나 침샘을 마구 자극할 테니까.

〈번역자를 위한 우리말 공부〉 이강룡 저, 유유 출판사

우리말 사용법을 '번역'이라는 영역에 초점을 맞추어 바라본다. 공부하는 번역자가 될 수 있도록 길잡이가 되어주는 책이다. 번역 과정에서 만난 오역의 사례부터 글쓰기 강좌를 진행하며 깨달은 문장 작법 등을 다루고 있어서 옆에 두고 여러 번 읽어 보면 큰 도움이 될 책이다.

〈내 문장이 그렇게 이상한가요?〉 김정선 저, 유유 출판사

'함인주'라는 저자가 보낸 '내 문장이 그렇게 이상한가요?'라는 제목의 메일 한 통. 이 책은 그렇게 시작이 된다. 이 메일을 받은 교정교열자가 그에 대한 답장을 보내며 두 사람의 이야기가 소설처럼 이어지는 가운데, 중간중간 문장을 매끄럽게 다듬는 방법을 설명한다. 〈내 문장이 그렇게 이상한가요?〉라는 책 제목을 보자마자 자기가 묻고 싶은 질문이었다고 공감하는 독자가 많은 책이다.

〈책 쓰자면 맞춤법〉 박태하 저, 엑스북스

약 10년간 출판편집자로 일해 온 저자 박태하가 지은 책이다. '글쓰기를 시작하는 사람들을 위한 맞춤법 안내서'라는 부제를 달고 있는 이 책은 띄어쓰기부터 맞춤법, 외래어 표기법까지 두루 다루고 있는데, 마치 지인이 옆에서 이야기해 주는 듯한 어투로 쓰여 있어 어렵지않고 재미있게 읽을 수 있다.

번역 실력의 완성, 배경지식

지금까지 맡았던 작품들을 떠올려 보면, 대부분 로맨틱 코미디였다. 코믹 요소가 적절히 섞인, 어느 남녀의 알콩달콩, 때론 살벌한 로맨스. 번역가 역시 작가와 마찬가지로 자신의 경험과 느낌이 번역본에 투영되곤 하는데, 대부분의 작품들은 만남과 헤어짐을 한 번쯤 경험해 보았다면 번역하는 데에 크게 무리 없을 내용들이었다. 그래서일까. 2016년에 만났던 작품 〈선풍소녀2旋风少女2〉는 아주 신선하고도 치열했던 도전으로 내 기억 속에 남아 있다. 스포츠라는 전문 분야에 로맨스가 살짝 가미된 작품이었기 때문이다.

한국 배우 지창욱이 남자 주인공을 맡아 화제가 되었던 이 작품은 태권도를 바탕으로 만들어 낸 가상 스포츠 '원무도'가 주요 테마였다. 로맨스보다는 원무도를 둘러싼 꿈과 도전에 좀 더 치중한 작품이다 보니 태권도에서 비롯된 기초 기술, 거기에 새롭게 가상으로 만들어 낸 기술들까지 각종 전문 용어가 쏟아져 나왔다. 다양한 경험을 많이 할수록, 배경지식이 풍부할수록 좋다는 말이 왜 나왔는지 그때 다시 한 번 이해가 됐다. 태권도의 '태'자도 모르던 나는 번역하는 내내 전문 기술 용어를 만날 때마다 '태권도장을 등록해야 하나?', '태권도 사범님이라도 섭외를 해야 하나?' 머리가 지끈거렸다. 문제는 번역에만 전념하기에도 촉박한 시간. 결국 차선책으로 유튜브 영상을 선택했다. 유튜브를 들락거리며 각종 태권도 기술에 대해 공부했다. 태권도에 없는 새로운 기술이 등장할 때면, 작가가 대본에 친절하게 써놓은 기술 설명을 연구해 보면서 새로운 용어를 만들어 내기도 했다. 그야말로 공부하고, 연구하고, 재창조를 해내야 했던 작품이었기에 아직도 〈선풍소녀2〉는 내게 특별한 작품으로 남아 있다.

다양한 경험과 풍부한 배경지식은 번역가에게 엄청난 자산이 된다. 사랑에 아파 본 사람만이 다른 사람의 아픈 사랑에 함께 눈물 흘릴 수 있는 것처럼. 작가가 체득하고 경험한 이야기들을 100%는 아니어도 최대한 100%에 가까울 만큼 공감하고 이해해서 풀어내려면, 같은 경험과 배경지식이 많을수록 쉬워진다. 그러니 번역과 관련 없어 보이는 일이라도 다양하게 많이 접해 보고 경험해 보기를 권한다. 지금 이 순간 '이건 해서 뭐하나?' 싶은 것도 언젠가는 번역할 때 큰 도움이 될 것이다.

아마추어보다 프로

나는 작가입니다

모 지상파 방송국으로 미팅을 하러 간 적이 있었다. 제작팀에서 중국과 합작으로 드라마를 준비하면서 번역가를 찾고 있는 상황이었다. 중국어로 된 대본이 나와 있는 상태였고, 한국 배우 캐스팅을 위해 한국어판 대본으로 번역해 줄 번역가가 필요하다고 했다. 미팅 시작과 함께 여러 피디님들과 이야기를 나누었는데, 의외의 이야기를 듣게 되었다. 제일 처음에는 번역 아카데미가 아닌 '작가 아카데미'에서 사람을 찾았었다는 것이다. 즉, 작가 중 중국어를 할 줄 아는, 중국어 번역을 할 수 있는 사람을 찾았다고 했다. 그런데 마땅한 인재가 없었고 결국 번역가를 찾는 걸로 노선을 바꿨는데 그 번역가는 조선족이었다고. 일단 믿고 번역을 맡겼으나 결과물이 마음에 안 들었다고 했다. 피디님 말을 그대로 빌리자면 '한국인이 봐도 무슨 말인지 모르겠다'는 것이었다. 그래서 다시 재번역을 해 줄 번역가를 찾다가 나와 연결이 되었단다. 그만큼 임무가 막중했다. 종종 재번역이 필요한 작품이 들어올 때가 있는데, 이럴 경우 처음부터 내가 맡아서 번역을 할 때보다 어깨가 더 무겁다. 이미 다른 사람 손을 거친 번역본이 마음에 들지 않아 다시 작업을 해야 하는 상황이니만큼 '잘해야 한다'는 부담감이 배로 커진다. 더구나 당시, 방송국에서 제일 처음 원했던 사람은 번역가가 아니라 중국어를 할 줄 아는 '작가'였다. 그 말은 중국어를 해석해 내는 능력보다 작가처럼 풀어서 창작해 낼 수 있는 능력을 더 중시했다는 뜻이다. 미팅을 마치고 피디 중 한 명이 내게 이렇게 당부를 했다.

"이 대본의 작가라고 생각하고 번역해 주세요."

번역가는 어쩌면 '변신'이 필요한 직업일지도 모르겠다. 소설을 번역할 때는 내가 이 책을 쓴 '소설가'라는 마음으로, 대본을 번역할 때는 '극작가'라는 마음으로, 또 신문 기사를 번역할 때는 이 기사를 쓴 '기자'라는 마음으로 매진해야 한다. 단순히 '나는 번역가니까'라는 생각으로 작업할 때와는 그 결과물이 확연히 다를 테니까. 물론 작가적인 마인드가 필요하다고 해서 원문을 훼손하면서까지 창작을 해야 한다는 뜻은 아니다. 번역이 제2의 창작이라는 관점에서 작가의 마인드로 작품에 한 발 더 가깝게 다가서야 한다는 뜻이다. 시나리오 번역은 '다른 언어로 풀어낸 제2의 창작'이지, '대본 해석본'이 아니니까.

'열정 페이' 말고 '열정 번역'

번역가 지망생들이 가장 목말라하는 게 무엇일까? 바로 '입문' 아닐까. '어떤 일이 됐든, 번역료가 어떻게 되든 좋으니 일단 입문만 했으면…….'하는 마음이 가장 클 것이다. 번역가로 입문할 수 있는 경로가 워낙 모호하다 보니 그런 마음이 드는 것도 당연하다. 그런데 바로 여기에서 생기는 문제점들이 있다. 막 입문을 하게 된 초보 번역가의 경우 '열정 페이'에 맞닥뜨리게 될 위험이 크다는 것. 입문에 목말라 있기 때문에 낮은 번역료에도 덜컥 일을 맡기 쉽다. 초보 번역가뿐만이 아니다. 경력 있는 번역가 역시 프리랜서라는 직업적인 특성상 언제 또 일이 들어올지 모르기 때문에 번역료 협상 앞에서 작아질 수밖에 없다. '번역료가 너무 낮다'는 반응을 보이면 업체 측은 '너 말고도 사람은 많다'라는 듯 다른 번역가를 찾아나서는 경우가 다반사다. 결국 터무니없이 낮은 번역료에도 일을 하겠다는 다른 번역가에게 번역 일감이 돌아가게 되고, 이렇게 되면 번역료는 천년만년 낮은 수준을 벗어나지 못한다. 이게 바로 제 살 깎아먹기 아닐까.

열정 때문에 터무니없이 낮은 번역료를 울며 겨자 먹기로 눈감아 주어서는 안 된다. 그렇다면 번역료를 협상할 때 당당해질 수 있어야 하는데, 그 방법은 단 하나. 탄탄한 실력을 갖춰야 한다. 번역가는 실력으로 말하는 직업이다. 특히 시나리오 번역은 역사가 길지 않은 새로운 번역 분야인지라 딱히 정해진 공부법도, 추천할 만한 입문 방법도 없다. 입문 방법을 고민하기 전에 '언제 일이 들어와도 클라이언트가 만족할 만한 번역 능력을 갖춰 두는 것', 이게 가장 중요하다. 경력이 없는 지망생이라면 실력을 입증할 수 있는 번역 포트폴리오라도 만들어 두면 좋다. '열정'은 '페이' 앞에 붙어야 할 것이 아니다. '열정'은 '번역' 앞에 놓여야 한다. '열정 번역', 그게 번역가의 몸값을, 번역료를 가치 있게 만든다.

 시나리오 번역, 인연 만들기

중국어 번역가로 롱런하기

엉덩이에 철근을 달자

몰아친다, 중국어 대본이. 예고 없이 갑자기 막 몰아쳐서 태풍처럼 나를 마구 휩싸다가 아무 일 없었던 것처럼 슉-하고 빠져나간다. 시나리오 번역 작업이 대체로 그렇다. 기간이 여유롭게 주어지지 않기 때문에 번역 스케줄을 짜기도 전에 일단 손에 들어온 작업부터 바쁘게 처리해야 하는 일이 다반사다. 2~3일에 1회분씩 작업할 수 있는 조건이면 그나마 낫다. 심한 경우에는 하루에 1회분씩 마구, 그야말로 '마구 찍어내듯' 작업을 해야 할 때도 있으니까. 보통 드라마를 기준으로 1회분이라고 하면 중국어 15,000~16,000자에 이른다. 페이지수로 치면 대략 25페이지쯤 되고, 내용이 조금 많아진다 싶으면 18,000자를 넘기는 일도 많다. 그러니 이걸 하루 만에 번역하려면 다른 건 둘째 치고 일단 엉덩이를 의자에서 뗄 수가 없다. 정말 바쁠 때는 밥 먹는 시간, 화장실 가는 시간을 제외하고 꼬박 앉아서 번역만 하기도 하니, 튼실한 엉덩이가 이럴 땐 참 기특하다. 철 근 달아 놓은 듯 무거운 엉덩이를 타고난 게 참으로 고맙다. 평 소 책상 앞에 앉아 있는 것보다 밖을 돌아다니는 게 더 좋은 사 람이라면 시나리오 번역이 힘겨울 수도 있다. 엉덩이가 움찔거 려서 오래 못 앉아 있거나 단 며칠만 외출을 못 해도 좀이 쑤시 는 사람이라면 번역가란 직업이 적성에 맞을지 진지하게 고민 해 봐야 한다.

체력은 곧 번역력

엉덩이 무겁게 하루 종일 앉아 일만 해야 한다니, 움직이는 거 싫어하고 운동 싫어하는 사람들은 '잘됐다!'며 쾌재(?)를 부를지도 모른다. 그런데 단 며칠만 하루 종일 앉아서 일하다 보면 금방 알게 된다. 이게 얼마나 고통스러운 일인지. 종일 앉 아 있는 만큼 몸은 점점 굳어지고, 온몸의 피가 더 이상은 안 되 겠다며 파업이라도 한 듯 혈액순환이 안 된다. 장시간 작업에 어깨와 허리는 끊어질듯 아프고, 피가 잔뜩 몰린 두 다리는 퉁 퉁 붓고 저려서 잠을 못 이룬다. 장편 드라마 번역을 하다 보면 약 2~3개월을 꼬박 앉아서 일하기 때문에 온몸이 망가지기 십 상이다. '일이 무조건 우선'이라고 생각했던 초창기, 몸이 점점 망가져가고 있다는 생각에 어느 날 위기감이 들었다. 건강을 잃으면 모든 걸 잃는 것과 마찬가지기 때문에 건강관리 역시 무척이나 중요하다는 사실을 뒤늦게 깨달았다.

엉덩이가 무겁고, 책상 앞에 오래 앉아 있어도 좀이 쑤시지 않는 스타일이어야 이 일이 적성에 맞다고 이야기했지만, 사실 나는 책상 앞에 앉아 일하는 것만큼이나 돌아다니고 활동하는 걸 좋아한다. 단 며칠만 외출을 못 해도 숨통이 막히고 온몸이 근질거린다. 그래서 시나리오 번역가로 일을 시작하고 나서 초반에는 답답할 때가 많았다. 그 때문에 한 작품을 끝내면 혼자서라도 나가서 돌아다니거나 여행을 다녀오곤 했다. 숨통 틀 시간을 나름대로 만들었던 것이다. 그러던 중 다른 탈출구를 찾았다. 바로 운동.

다이어트도 다이어트지만, 몸이 심하게 굳어 가고 있다는 생각에 스피닝을 시작했다. 정확히는 '재키 스피닝'이라고 하는데, 자전거에 서서 페달링을 하면서 손으로 퍼포먼스를 하는, 쉽게 표현하자면 서서 자전거를 타며 댄스를 하는 운동이다. 스피닝을 시작한 지 1년이 지나자, 체중 감량 효과도 많이 보았지만 그보다 더 기뻤던 것은 그동안 일을 하면서 느꼈던 온갖 통증들이 사라졌다는 것! 아침에 일어나면 머리가 아프다거나 조금만 앉아 있어도 허리가 아프고, 늦게까지 일할 경우 금방 날 찾아오던 피로감이 운동을 시작한 후 신기하게도 싹 사라졌다. 그 이후 필라테스까지 병행하면서 운동 시간은 일을 떠나 오로지 나에게만 집중할 수 있는 탈출구가 되었다. 체력 증진 효과와 더불어 정신적으로도 커다란 활력소가 되어 준다. 종일 문서 파일만 들여다봐야 하는, 너무나 '정적'인 번역 작업을 하다가 저녁이면 미러볼이 현란하게 돌아가는, 클럽을 연상시키는 룸에서 너무나 '동적'인 스피닝을 하다 보면 온갖 스트레스가 순식간에 날아간다. 그래서 지금은 무슨 일이 있어도 운동만은 빼놓지 않으려고 한다. 번역 일정이 아무리 빠듯해도 꼭 시간을 내서 운동을 한다. 왜냐고? 체력은 국력! 아니, 체력은 곧 '번역력'이니까!

번역가의 동반자, 마감神

번역에 마감神이 없었더라면, 무슨 재미로 번역을 할까. 때로는 숨통을 조여오지만, 그래도 정신없이 키보드를 두드릴 수 있게 만드는 건 마감신 덕분이다. (딱히 그럴 일은 없지만) 기한이 넉넉하면, 번역을 더 꼼꼼하게 잘할 수 있을 거라는 생각, 아니 착각에 종종 빠진다. 하지만 딱 한 번만 해 봐도 안다. 넉넉한 기한 앞에서는 오히려 여유만 늘어날 뿐, 번역에 속도가 붙고 품질이 올라가는 건 마감신이 강림했을 때라는 것을.

  시나리오 번역, 인연 만들기

마감을 지키는 일은 신뢰와 직결되는 문제다. 아무리 뛰어난 번역 실력을 갖추었다 해도 마감을 제대로 지키지 못한다면 클라이언트에게서 신뢰를 얻기가 어렵다. 더구나 바쁘고 정신없이 돌아가는 시나리오 번역의 세계에서 마감은 그야말로 '칼같이' 지켜야 한다. '아팠다', '바빴다', '일이 생겼다' 등의 이유들은 그저 개인적인 사정일 뿐. 그렇기 때문에 작품이 들어오면 칼마감을 지키기 위해 번역하는 내내 긴장을 할 수밖에 없다.

한국 배우 권상우와 중국 배우 장우기张雨绮가 주연을 맡았던, 한중 합작 영화 〈정적밀월情敌蜜月(적과의 허니문)〉 시나리오를 번역하던 때가 떠오른다. 같은 시기에 또 다른 작품이 들어왔던 터라 번역 기한이 무척이나 촉박했다. 잠을 자는 것 역시 체력을 보충하는 시간이기 때문에 되도록 밤샘을 피해 보려 했지만, 어쩔 수가 없었다. 결국 저녁에는 잘 마시지 않는 커피와 비타민 음료까지 준비해서 졸음이 몰려오는 새벽을 버티고 또 버텼다. 허리가 아프면 잠시 일어나 스트레칭을 하고, 몽롱해진 머리에 도저히 안 되겠다 싶으면 잠시 책상에 엎드려 쪽잠을 잤다. 학창시절에도 공부한다고 밤을 새워 본 적이 별로 없었는데, 번역가가 된 후로는 이렇게 종종 밤샘 작업을 한다. 아니, 해야 한다. 번역가에게 마감은 생명이므로.

칼마감을 위한 밤샘 작업에는 늘 커피와 비타민이 함께한다.

힘겨운 밤샘 끝에 칼마감을 지켰을 때, 그때의 뿌듯함과 성취감은 이루 말할 수가 없다. 번역가로서의 자부심과 자신감까지 조금 더 커지면서 일을 지속해 가는 데에 커다란 원동력이 된다. 클라이언트의 피드백과 신뢰도 역시 칼마감 끝에 찾아오는 선물이므로, 번역가로 오래 살아남으려면 첫째도 칼마감, 둘째도 칼마감이다.

번역 속도가 곧 실력

시나리오 번역 의뢰를 받다 보면, 클라이언트에게서 종종 받는 질문이 있다.

"번역 속도가 어떻게 돼요? 예를 들면 1회분 번역하는 데에 얼마나 걸리나요?"

번역 실력의 검증보다도 속도를 먼저 묻는 데에는 이유가 있다. 앞서 언급했듯이 시나리오 번역은 작품의 제작 단계에 속하기 때문이다. 작품을 기획하는 스태프들을 비롯해 원문을 쓰는 작가, 제작 스태프들까지 수많은 관계자들이 대본만 기다리고 있다. 그러니 원문을 써 내야 하는 작가도, 번역 대본을 써 내야 하는 번역가도 눈코 뜰 새 없이 바쁠 수밖에. 게다가 중국의 제작 환경 특성상 감독이 바뀌면 스토리 혹은 인물의 이름까지 수정되는 경우가 있고, 한국 관계자와의 의견 취합을 통해 내용이 바뀔 때도 많다. 그 때문에 번역이 한창 진행되는 와중에도 중간 중간 대본이 수정되는 일이 부지기수다. 현재 하고 있는 번역만 해도 촉박하고 다급한데, 중간에 갑자기 날아든 수정 대본을 다시 또 번역해야 하는 것이다. 이럴 때 당황하지 않고 침착하게 작업을 이어가기 위해 필요한 것이 바로 '속도'다. 아무리 실력이 뛰어나도 속도가 따라 주지 않으면, 클라이언트 입장에서는 꺼릴 수밖에 없다. 속도가 실력이 되는 이유다.

그런데 속도를 올리기 위한 공부법이라는 게 따로 있지 않다. 달리기도 하면 할수록 스피드가 붙듯이 번역 속도 역시 경력이 쌓일수록 늘어간다. 그렇다고 경력이 쌓일 때까지 마냥

기다릴 수는 없는 노릇. 단기간에 속도를 붙게 하는 방법은 없지만, 긴 시간 꾸준히 속도에 살을 붙여 갈 수 있는 방법은 있다. 바로, 평소에 원서나 중국어 시나리오를 많이 읽어 두는 것이다. 틈틈이 원서를 읽어 두면 내공이 쌓여서 중국어 시나리오를 좀 더 빨리 수월하게 이해할 수 있고, 결국 그것이 번역 속도를 높이는 데 피가 되고 살이 된다.

나이와 실력의 상관관계

번역가의 길로 들어서는 문은 넓다. 학력 제한, 성별 제한, 나이 제한이 없다. 특히 나이가 적고 많음에 상관없이 실력만 갖추고 있으면 입문이 가능하다는 건 아주 큰 매력이다. '나이가 많은데, 너무 늦은 건 아닐까요?'라고 묻는 이들이 있는데, 중요한 건 물리적인 나이가 아니라 '언어의 나이'다. 나의 언어가 얼마나 젊은 감각을 유지하고 있느냐가 중요하다는 뜻이다.

사실 인터넷 용어가 많이 발달하지 않았던 시절에는 '언어의 나이'가 크게 중요하지 않았다. 그러나 지금은 상황이 달라졌다. 하루가 다르게 새로운 용어들이 탄생하고, 그것들이 신조어라는 이름으로 여기저기에 널리 퍼져 있기 때문이다. 내가 작업했던 시나리오들만 떠올려 보아도 젊은 층을 겨냥한 작품들이 대다수였고, 그 때문에 신조어가 심심치 않게 등장했다.

　시나리오 번역, 인연 만들기

한국에서 생겨나는 신조어만 해도 전부 습득하는 게 쉽지 않은데, 중국의 신조어까지 챙겨야 한다니 가슴이 답답해져 오지만, 롱런하기 위해서는 어쩔 수 없다. 나의 언어에 젊은 감각을 장착해야 한다. 아직 그게 부족하더라도, 신조어가 갑자기 등장해도 당황할 필요는 없다. 젊은 감각을 따라가기 위해 꾸준히 노력하자는 마음으로 중국 사이트를 유영하며 공부하면 되니까.

'이 나이에 번역가라는 꿈에 도전해 볼 수 있을까?' 하는 고민, 그만해도 좋다. 나이가 너무 어려서 고민이라면, 젊은 감각을 무기 삼고 거기에 배경지식을 부지런히 쌓으면서 내공을 키워 가면 된다. 반대로 나이가 너무 많아서 고민이라면, 지금껏 쌓아 온 연륜과 경험을 무기 삼고 언어의 나이를 젊게 유지하면 된다. 여러 번 강조했듯 결국 번역가에게 중요한 것은 실력이지 나이가 아니니까.

Chapter 3

시나리오 번역,
공부해 볼까?

필수 교재 첫 번째, 중국 드라마와 영화

중국 드라마와 영화, 왜?

학교를 벗어나 사회로 들어서면 더 이상 공부는 안 해도 될 줄 알았건만, 우리에겐 여전히 공부가 필요하다. 자기계발을 위한 공부를 비롯해 업무에 필요한 공부까지. 생각만 해도 지긋지긋한 공부. 그런데 만약 드라마나 영화를 보는 게 공부가 된다면 얼마나 행복할까. 시나리오 번역가는 그 행복을 누릴 수 있는 직업이다. 시나리오 번역가에게 작업물이란 곧 드라마와 영화의 시나리오이다. 그렇기 때문에 중국 드라마와 영화는 시나리오 번역가에게 아주 좋은 공부 교재가 된다. 아니, 필수라고 해도 무방할 만큼 절대적인 교재다. 그렇다면 무작정 보기만 하면 될까? 공부에도 요령이 필요하듯 중국 드라마와 영화를 볼 때도 번역에 실질적인 도움이 되려면 목표와 전략이 필요하다.

　시나리오 번역을 하면 할수록 상상력의 중요성을 절절히 느낀다. 시나리오 번역은 활자로 된 시나리오만 주어진다. 그러므로 생명이 없는 활자를 생생한 영상으로 머릿속에 그려 낼 수 있는 상상력이 중요하다. 번역하다 보면 중국어 뜻을 사전으로 다 찾고 나서도 무슨 의미인지 이해가 안 될 때가 있다. 중국 문화를 모르면 맥락을 제대로 파악하지 못해서 엉뚱하게 번역할 가능성이 높다. 예를 들어, "你翅膀硬了啊!" 같은 문장의 경우 사전을 통해 단어를 찾아 직역해 보면 "네 날개가 딱딱해졌구나!"라는 뜻이다. 주인공이 날개 달린 '새'라면 모를까, 사람이 왜 갑자기 날개 타령을 할까. 어느 날 드라마에서 이 표현을 보고 알았다. 흔히 어리다고 생각했던 상대방이 도에 넘치게 굴 때 "너 많이 컸구나!"의 느낌으로 쓰는 표현이라는 걸. 실제로 새가 처음에 알에서 부화했을 때는 날개가 부드러워서 날갯짓을 할 수 없다가 성장하면서 날개가 딱딱해지면 비로소 날 수 있게 된다고 한다. 중국에서는 바로 이 점에 착안해서 '날개가 딱딱해졌다'라는 표현을 '많이 컸다'의 뉘앙스로 쓰는 것이다. 중국식 표현, 중국어만의 뉘앙스를 습득하는 것은 그래서 중요하다. 이런 문제를 해결하려면 중국 드라마와 영화를 꾸준히 봐야 한다. 중국 문화 및 생활을 간접 체험하다 보면 활자로 표현된 낯선 그림을 머릿속으로 그려 볼 수 있으니까.

중국 드라마와 영화를 교재로 활용하는 것은 특히 한-중 번역을 할 때 큰 효과를 발휘한다. 한국어가 모국어인 한국인이 아무리 중국어를 잘한다고 해도 원어민만큼 100% 중국어다운 표현을 쓴다는 건 생각만큼 쉽지 않다. 하지만 인풋을 많이 하면 아웃풋이 자연스럽게 많아지기 마련이다. 중국 드라마와 영화에서 자주 보았던 표현들을 한-중 번역을 할 때 적재적소에 사용하면 중국인이 봤을 때 어색하지 않은 문장을 구사할 수 있다. 2016년 말, 중국인 관광객을 위해 제작 중인 한국 뮤지컬의 대본을 중국어로 번역한 적이 있다. 관객이 중국인인 만큼 자연스러운 번역이 필요했는데, 그간 드라마를 보며 머릿속에 차곡차곡 담아온 문장들이 꽤나 도움이 되었다. "마지막이라뇨! 큰일 날 소립니다!" 같은 문장의 경우 "谁说最后啊! 不要瞎说!" 같은 식으로 번역하는 것이다. 드라마를 통한 인풋이 없었다면 '큰일 날 소리'를 중국이로 그대로 직역하겠다고 끙끙거렸을지도 모를 일이다.

그래서 나는 번역 일을 시작한 뒤로도 중국 드라마와 영화를 끊임없이 챙겨 본다. 이럴 땐 시나리오 번역가라는 사실이 참 행복하다. 누군가 "왜 너는 일은 안 하고 드라마만 보고 있니?"라고 물어도 당당하게 대답할 수 있으니까. "저 지금 공부하고 있거든요!"

     시나리오 번역, 공부해 볼까?

중국 영상물을 매일같이 꾸준히 봐야 번역 기초를 쌓는 데 도움이 된다는 걸 알아도, 실천하기란 말처럼 쉽지 않다. 일단 시간적으로 그렇다. 매일 바쁘게 생활하다 보면 꼬박 꼬박 시간을 내서 챙겨 보기가 어렵다. 그래도 자신의 하루 일과를 잘 살펴보면 틈틈이 남는 자투리 시간들이 있다. 내 경우, 출근 준비 시간을 적극 활용했다. 화장하고 머리 말리고 옷 입는 동안 중국 드라마를 옆에 켜 두었다. 특별한 방법이랄 건 없다. 일단 매일 지속하는 것이 중요하다. 한 문장씩 귀담아 들으려고 애쓰거나 집중해서 봐야지, 하고 눈에 불을 켤 필요도 없다. 집에 들어오면 TV부터 켜듯 중국 드라마 역시 그냥 틀어 놓고, 내 할 일 하면서 자연스럽게 보고 들으면 된다. 매일 중국어에 노출이 되는 환경을 만들고 습관을 만드는 게 시작이다. '에게? 겨우 이거야?', '이게 얼마나 도움이 되겠어?'라고 할 수도 있지만, 벌써 8~9년을 이런 식으로 매일 하나 둘씩 중국어 표현을 익힌 게 번역할 때 큰 자산이 되었다. 하루 이틀 했다고 효과 볼 생각은 금물. 여러 번 강조했지만, '꾸준히'가 관건이다.

예전에는 중국 동영상 사이트에 접속하면 보고 싶은 작품들을 쉽게 볼 수 있었다. 그러다 어느 순간부터 '중국이 아닌 곳에서는 재생할 수 없다'는 문구와 함께 하나둘 차단되기 시작했다. 클릭 몇 번으로 중국 드라마와 영화를 쉽게 보던 나는 더 이상 볼 수 없다는 불안감에 초조해졌다. 하지만 꽉 막힌 하수구를 뻥-하고 뚫어 버리듯 막혀 버린 영상을 시원하게 재생시켜 줄 방법을 찾았다. 그 방법은 바로 '언블럭 유쿠 Unblock Youku'라는 확장 프로그램을 활용하는 것이다.

1. 크롬 브라우저를 다운로드한다.
2. 설정 → 확장 프로그램으로 들어간다.
3. '더 많은 확장 프로그램 다운로드' 메뉴로 들어간다.
4. 'Unblock Youku'를 검색한 뒤 설치한다.

이 프로그램을 설치하고 나면 중국의 최대 동영상 사이트인 Youku www.youku.com의 영상들이 대부분 재생된다. 중국 사이트이기 때문에 한국어 자막을 기대해선 안 된다.

자, 그럼 이제 영상은 준비가 되었다. 그렇다면 이 영상을 어떻게 보면 좋을까? '나만의 대사 노트'를 만들길 권한다. 이 방법은 내가 대학교 때부터 꾸준히 했던 방법인데, 지금도 나에게는 이 대사 노트가 보물 1호다. 작성 방법은 간단하다. 중국

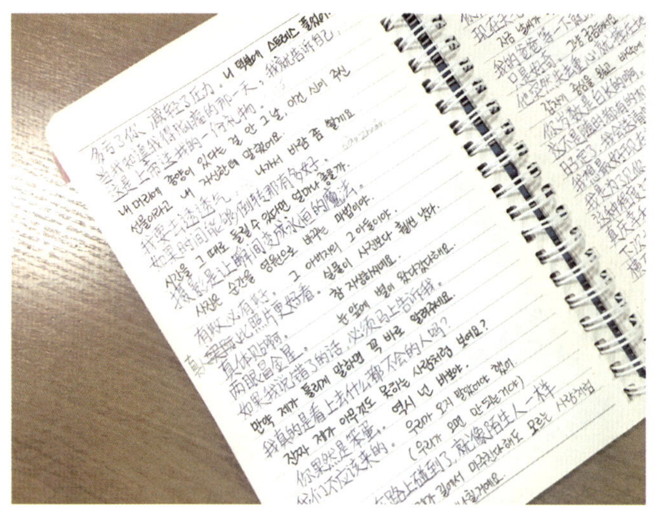

드라마 혹은 영화를 보면서 '이거다!' 싶은 표현이 나올 때마다 그 대사를 옮겨 적어 두는 것이다. 그렇게 하나둘 표현을 모으다 보면, 그 자체로 번역가에게 유용한 표현 사전이 된다.

　다만, 주의해야 할 점이 있다. 대사 노트는 평소에 좋은 표현들을 기록해 두었다가 필요할 때 꺼내 쓰려는 데에 의미가 있다. 초반에 욕심을 내다 보면 '처음부터 다 적어 놔야지!'라고 생각하게 된다. 짧은 영상이면 모를까 드라마나 영화를 처음부터 끝까지 다 쓰기란 쉽지 않고, 결국 제 풀에 지쳐 대사 노트고 뭐고 보던 드라마에까지 흥미를 잃는 사태가 발생한다. (나의 경험담이기도 하다.) 그러니 처음부터 욕심은 금물. 다양한 작

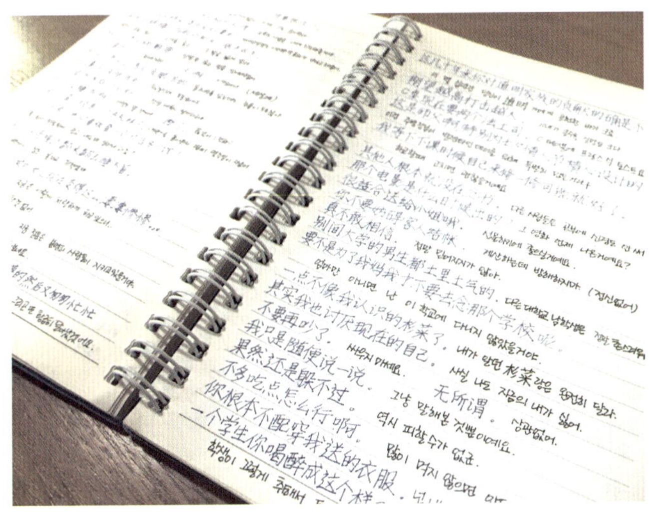

품을 보면서 차근차근, 그러나 꾸준히 좋은 중국어 문장을 수
집해 나가야 한다.

필수 교재 두 번째, 한국 드라마와 영화

한국 드라마와 영화, 왜?

"그 어려운 걸 자꾸 해냅니다, 내가."

KBS에서 방송됐던 한국 드라마 〈태양의 후예〉 하면 떠오르는 대사. 마치 이 드라마의 트레이드마크처럼 시청자들에게 강한 인상을 주었던 말이다. 평범해 보이지만 결코 평범하지 않은, 소소해 보이지만 통통 튀는 대사들을 만날 때면 가슴이 마구 뛴다. 이런 감정을 느낄 수 있는 건 시나리오 번역가에게 축복과도 같은 일이다. 어느 정도 수준에 이르고 나면 잘 번역한 시나리오는 물론이고, 맛깔나게 번역한 시나리오에 욕심이 나기 시작한다. 중국 드라마와 영화를 통해 중국어 문장을 흡수하는 게 중요한 만큼 한국 드라마와 영화에도 같은 비중으로 관심을 두어야 하는 이유가 바로 여기에 있다.

나는 시나리오 번역을 시작하기 전(특히 중-한 번역의 경우), 그간 다운받아 놓은 한국 드라마 시나리오를 열어 훑어본다. 시나리오 번역도 작가의 감각이 필요하기 때문에 조금이라도 그 감각을 익히려는 것이다. 일종의 의식(?) 같은 거랄까. 10분 정도 한국 작품의 시나리오를 읽으면서 작가 모드로 전환할 준비를 한다. 워밍업이 끝나면 작업해야 할 중국어 시나리오를 서둘러 펼쳐 놓고 번역을 시작한다. 작가적 감각이 조금씩 떨어져가고, 번역이 아닌 단순 독해를 해 나가고 있는 듯한 느낌이 들면 또 다시 한국 드라마 시나리오를 열어서 한참 동안 읽는다. 별거 아닌 이 잠깐의 시간이 꽤 큰 에너지가 된다.

뿐만 아니라 살아 있는 대사들과 제대로 된 지문 표현을 흡수하는 데에도 큰 도움이 된다. 그러면 같은 번역이라고 해도 조금 더 생동감 있고 통통 튀는 문장으로 번역해 낼 수 있다. 내용 번역에만 치중한 나머지 형식적인 부분을 놓치는 경우가 있는데, 시나리오 양식에도 신경을 써야 한다. 아무리 내용이 훌륭해도 중구난방으로 어지럽게 작성된 시나리오라면 눈에 들어오지 않기 때문이다. 기본적인 시나리오의 형식을 숙지해 두는 것이 좋으므로 다양한 한국 드라마와 영화의 시나리오들을 보면서 큰 틀부터 세부적인 내용까지 익히고 공부해야 한다.

 시나리오 번역, 공부해 볼까?

개인적으로는 노희경 작가가 쓴 대본을 주로 읽는다. 대사 하나하나 공감 가는 건 물론, 깊이가 느껴진다. 게다가 살아 있는 입말들이 쉴 새 없이 쏟아져 나온다. 주로 〈굿바이 솔로〉나 〈그들이 사는 세상〉의 시나리오를 보는데, 마구 흡수해 버리고 싶을 만큼 활어처럼 살아 숨쉬는 대사들이 넘쳐난다. "그게 무슨 도둑년 심보야."라든가 "기분 째지지, 그치?", "이 일로 헤어지네 마네 하기만 해." 등등 번역문으로는 쉽게 떠올리기가 쉽지 않은 대사들이 날 유혹한다. 으, 전부 다 흡수해 버리고 싶다. 다소 진지한 내용의 대본을 번역할 때 노희경 작가가 쓴 대본을 워밍업 삼아 읽지만, 반대로 통통 튀고 재미있는 로코물을 번역할 때는 김은숙 작가가 쓴 대본을 읽는다. 〈상속자들〉의 "나 너 좋아하냐?"처럼 피식 웃음이 나오면서도 평범하지 않은, 젊은 감각의 대사들을 많이 만날 수 있기 때문이다. 이야기하다 보니 결국 또 결론은 하나다. 번역가가 작가 마인드를 가져야 하는 이유, 그리고 그 필요성.

한국 드라마와 영화, 시나리오 수집!

한국 드라마와 영화 시나리오를 볼 수 있는 곳이 어디 없을까? 있다! 검색과 검색을 거듭한 끝에 찾아낸 사이트 몇 개를 소개한다.

필롬메이커스 커뮤니티
http://www.filmmakers.co.kr

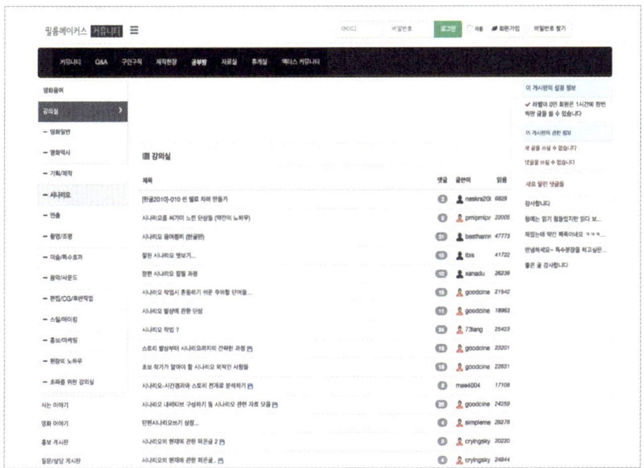

　　기본적으로는 상업 영화 제작에 참여하는 스태프들의 커뮤
니티다. 말 그대로 영화인들을 위한 사이트인데 이곳 자료실에
가면 한국을 비롯해 외국 작품의 시나리오까지 볼 수 있다. 대
부분 개인적인 공부 목적으로 올라오는 시나리오이며 저작권
자의 요청이 있을 경우 삭제된다.

　　　　　　　　　　시나리오 번역, 공부해 볼까?

오발탄

http://www.obaltan.net

오발탄 회원게시판 회원갤러리

마당 영화감상 강력추천 시나리오 영화자료실 방명록

Loged Members : 3
Total 324 articles, 7 pages / Now page is 1

SIGN IN LOGIN

No	Subject	Name	Date	R	V
324	정말.. 스팸 [1]	김영조	2017/03/06	74	2
323	이리저리 방황하다 다시 방문하게 된 오발탄 [1]	전하림	2017/02/06	70	2
322	감사합니다 [1]	이경	2016/11/28	28	1
321	부산 서면 맛집 신촌양푼이갈비찜 닭갈비찜 [1]	맛나는여행	2016/11/28	25	3
320	운영장님!!!	bomican	2016/11/12	61	1
319	안녕하세요 박찬욱 감독 3인조	심재훈	2016/09/23	92	3
318	영화 '최악의 하루' 시나리오 읽고싶어요!	04140	2016/09/18	107	3
317	아트레온에서 만나는 시민 영화학교, 48시간의 영화만들기 프로그램으로 여러분을 초대합니다.	시민영화학교	2016/09/17	59	5
316	시나리오 카테고리의 글들 삭제 가능한가요? [3]	lee yu jin	2016/01/03	214	4
315	2년 연장 [1]	김영조	2015/11/10	235	3
314	부탁드려요!	정은재	2015/06/27	145	6
313	감사합니다. 잘 보고 갑니다. [1]	kenn	2015/03/07	209	3
312	마음 [1]	김검만	2015/03/03	143	7
311	여자2명에서 대사할거있을까요? 요즘드라마 나영화로요	ㅇㅅㅇ	2014/10/25	363	6
310	영화 가시 대본 올려주세요! [1]	유지연	2014/09/02	751	6
309	[CJ문화재단] 일본군위안부 피해자 시나리오 기획안 공모!	CJ문화재단	2014/07/23	344	6
308	안녕하세요 감사합니다. [1]	김경은	2014/05/12	347	6
307	피끓는 청춘 시나리오 구할수 있을까요?	피끓는 청춘	2014/03/19	383	6
306	내사랑 싸가지 영화 시나리오 [1]	jk	2014/02/17	457	5
305	1번가의 기적 시나리오 부탁드립니다 [1]	재아마	2014/02/17	606	5

    한국 영화를 사랑하는 사람들의 모임이다. 시나리오 게시판에 가면 각종 영화의 시나리오를 볼 수 있다. 제작 중이거나 상영 중인 작품을 올리는 건 허용하지 않으며, 한국 영화 발전에 도움이 되는 방향으로 운영하고자 노력하는 사이트다.

살아 있는 번역 교재, SNS

SNS 중국어!

알렉스 퍼거슨은 말했다. 'SNS는 인생의 낭비'라고. 나는 이렇게 말하고 싶다. '번역가에게 중국 SNS는 보물 상자'라고. 예전에 한창 중국 SNS에 빠져 살던 때가 있었다. 특히 위챗이나 웨이보, 이 두 개는 나에게 엄청난 의미가 있다. 덕분에 중국어에 대한 욕심을 채우고, 중국 친구들과 활발하게 교류를 할 수 있었기 때문이다. 페이스북은 건너뛰어도, 트위터는 안 들어가도, 위챗과 웨이보는 수시로 들여다보았다.

위챗은 주로 중국 친구들과 수다를 떨 때 사용했는데, 젊은 층이 잘 쓰는 회화체 및 줄임말 등을 무한대로 흡수할 수 있었다. 웨이보는 실시간으로 업데이트되기 때문에 중국에서 일어

 시나리오 번역, 공부해 볼까?

나는 각종 소식을 마음껏 접할 수 있다. 한국어 하나 없이 중국어로만 빼곡한 화면에 간혹 숨이 막혀 오지만, 관심 가는 소식을 발견할 때면 한 글자씩 해부해 가면서라도 정독한다. 그때그때 이슈가 되고 있는 유행어를 비롯해 각종 인터넷 용어까지 습득할 수 있으니 그야말로 살아 있는 학습서라 할 수 있다. 중국 SNS가 없었다면, 중국어 번역가로 살아남기 힘들었을지도 모르겠다.

중국 SNS를 접해 보지 못한 사람들은 맨 처음 겁부터 먹는데, 어렵다고 지레 겁먹지 말 것. 처음 사용해 보는 한국 어플리케이션도 처음엔 낯설고 어렵긴 마찬가지다. 처음부터 욕심 내지 말고, 매일 단 5분이라도 위챗으로 중국 친구들과 대화를 하고, 단 10분이라도 웨이보에 올라오는 소식들을 훑어보면 좋

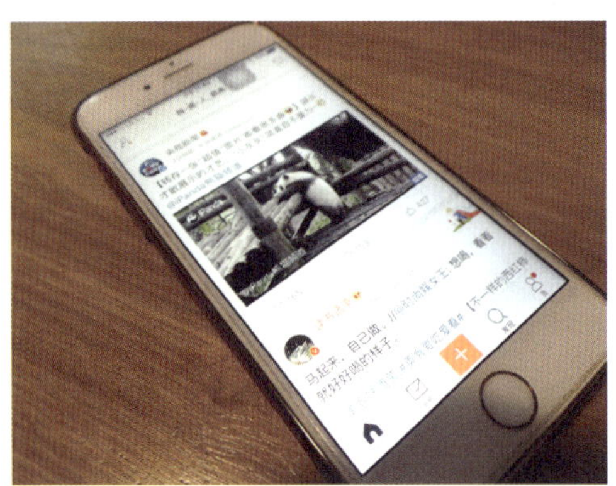

무궁무진한 중국어의 바다, 웨이보

다. 익숙해지면 차츰 웨이보에 내 이야기를 올리면서 중국 어딘가에 있는 친구들과 소통을 할 수도 있다. 중국어 학습자에게 이만한 보물 상자가 또 있을까?

신조어를 모르면 내용이 산으로 간다

시나리오 번역 중 이런 대사를 만난 적이 있다. 두 여자 절친의 대화였는데, 주인공의 남자친구가 양다리를 걸친 상황이었다. 이에 절친이 묻는다. 남자친구를 어떻게 혼내 줄 생각이냐고. 주인공이 한번 맞혀 보라고 하자 절친이 이렇게 묻는다.

"跪滾烫的CPU？"

눈에 익지 않은 글자에 영문까지, 이게 도대체 무슨 말일까? 처음에는 어리둥절해서 살짝 당황했지만, 곧 의미 단어로 끊어서 분석을 해 봤다.

跪 (무릎을 꿇다) / 滾烫的 (몹시 뜨거운) / CPU (?)

몹시 뜨거운 CPU에 무릎을 꿇는단다. 이게 도대체 무슨 괴상한 이야기란 말인가. 이럴 땐 역시 인터넷 검색이다. 중국어 의미가 궁금해지면 중국의 대표 검색 포털인 '바이두^{Baidu,百度}'부터 뒤적인다. 한참 바이두의 바닷속을 헤엄쳐 다닌 결과, 드디어 '몹시 뜨거운 CPU에 무릎 꿇기'의 정체를 알아냈다. 중국의 젊은 층에서 유행했던 신조어란다. 일단 이 표현의 핵심은 바로 CPU에 있다. CPU는 사실 중국어는 아니고 한국에서도 쓰는 말인데, '마이크로프로세서'라고 부르는 컴퓨터 부품 중 하나. 즉, '중앙처리장치'를 의미한다. 바늘처럼 뾰족한 칩이 무수히 많이 꽂혀 있는데, 컴퓨터를 사용하면 이 장치가 발열 하면서 엄청나게 뜨거워진다. 바로 여기에서 '滚烫的CPU(몹 시 뜨거운 CPU)'라는 표현이 나왔다. 뾰족뾰족하고 뜨거운 CPU에 무릎을 꿇는 것, 상상만 해도 아찔해진다. 여자가 남자 친구에게 화가 나면 농담 반 진담 반으로 "CPU에 무릎 꿇어~" 라고 표현하는 것이다.

이렇게 중국어와 영문의 조합으로 오묘한 아우라를 풍기던 신조어의 정체를 알아냈으니 이제 적절히 번역해서 써 넣기만 하면 된다. 이럴 땐 어떻게 번역하는 게 좋을까? 친구가 남자친 구에게 어떤 벌을 줄 것인지 예상 답안을 들어 가며 추측하는 상황이라는 걸 감안하며 생각해 본다.

"뜨거운 CPU에 무릎 꿇리게?"

이 표현의 경우 그대로 직역을 해도 크게 어색하지는 않지 만, 시나리오 번역본을 받아 볼 한국 배우의 입장을 생각하면 '이게 무슨 소리인가' 어리둥절할 수 있다. 이런 표현이 왜 나 왔는지에 대한 배경지식이 없기 때문이다. 이럴 때는 각주를

리엔나
양하이이   정말 마음 깊이 미스터 장을 동정하는
                 그러니까 왕뤄이 혼꾸멍 낸 아이디어

위엔꽝, 우유를 양하이이에게 내민다.

5 CPU에 무릎 꿇기(跪 CPU) : 중국의 젊은 커플들 사이에서 유행
(CPU)에 바늘처럼 뾰쪽한 칩이 무수히 많이 꽂혀있고, 온도가 뜨
갑이다. 보통 여자친구가 남자친구에게 화났을 때, '별로 CPU에

18

원문 그대로 직역한 후, 각주를 달아 설명해 주는 방법을 택했다.

달아 아래에 보충 설명을 달아 주는 것도 좋다.

직역+각주의 방법 대신 의역을 하고 싶다면 한국어식으로
재미있게 표현해도 좋다. CPU보다는 한 번에 딱 이해될 수 있
도록 "빨래판에 무릎 좀 한번 비비게 해 봐?", "자갈밭에서 무
릎 한번 꿇려?"처럼 표현을 살짝 바꿔도 괜찮다. 시나리오 번
역의 목석은 배우와 스태프에게 작품의 내용을 이해시키는 데
에 있기 때문이다. 단, 원문에서 지나치게 벗어나지 않는다는
선에서.

언젠가 한번은 어느 중국 작가가 검토를 부탁한다며 한국어
로 번역된 시나리오를 보내 온 적이 있다. 전문 번역가는 아니
고 아르바이트로 번역을 하는 유학생이 작업한 번역본이라고
했다. 아직은 시나리오 번역에 익숙하지 않은 듯 미흡한 부분
이 꽤 있었지만, 그중에서도 나의 뇌리에 가장 깊게 박힌 표현

이 하나 있었다.

"哇, 大发!"

성형수술을 수없이 해서 얼굴이 완전히 변해 버린 배우의 사진을 보고 등장인물이 한 대사다. 이 대사가 한국어 번역본에는 이렇게 번역되어 있었다.

"와, 대발견!"

아마 '发'를 '发现(발견하다)'를 줄인 말로 생각했던 게 아닐까 싶다. 귀여운 실수다. 하지만 아무리 봐도 '대발견!'이라는 감탄사는 어색하기만 하다. '大发'는 최근 몇 년 간 중국 젊은이들 사이에서 유행하다 못해 이제는 아주 자연스러운 용어로 자리 잡은 신조어다. 재미있는 건, 이 신조어가 바로 한국어에서 유래되었다는 것이다. 대단하거나 놀랍다는 의미로 우리가 외치는 '대박!'이 바로 중국에서는 '大发'로 표현되었다. '오빠'를 비슷한 발음의 중국어를 차용해 '欧巴'라고 표현하는 것과 비슷하다. 위 대사는 문맥상으로도 성형수술을 한 배우 사진을 보며 '대발견!'이 아니라 "와, 대박!"이라고 번역해야 훨씬 자연스럽다.

드라마와 영화는 자연스럽게 그 시대의 현실이 반영되기 마련이다. 한국도 그렇지만 중국 역시 수많은 신조어가 생겨나고, 그 때문에 드라마와 영화 속에도 자주 등장한다. 특히 젊은 세대가 등장하는 청춘 드라마라면 더더욱 그렇다. 신조어를 모르면 의미를 잘못 파악하게 될 위험이 크고, 자칫 오역으로 이어질 수 있다. '대박'이 '대발견'이 되지 않도록, '자나 깨나 신조어 조심'을 해야 한다.

신조어 및 유행어 알아 가기

기본적인 중국어 문법이나 표현, 단어 등은 강의나 책을 통해 쉽게 배울 수 있지만, 신조어나 유행어는 그렇지 않다. 누가 떠먹여 줄 수 있는 영역이 아니므로 스스로 찾아보고 익혀야 한다.

중국 친구와의 대화 속에서

신조어와 유행어에 민감한 건 역시 어리고 젊은 친구들이다. 중국 친구와 대화를 하다 보면 '응? 이게 뭐지?' 싶은 말을 꽤 던지는데, 대부분 알고 보면 신조어와 유행어였다. 알고 지내는 중국 친구가 있다면 SNS 메신저를 이용해 대화를 많이 해 보길 바란다.

웨이보는 신조어의 바다

웨이보만큼 중국 현황이 실시간으로 업데이트 되는 곳도 없

 시나리오 번역, 공부해 볼까?

다. 각종 사건사고부터 소소한 이야기와 정보들이 수시로 올라온다. 신조어나 유행어가 생기면 웨이보를 통해 빠르게 퍼지기도 하고, 새로운 용어들이 웨이보에서 탄생하기도 한다. 심심할 때마다 웨이보를 틈틈이 들여다보면 중국 소식을 빠르게 접할 수 있을 뿐 아니라, 신조어 역시 자연스럽게 흡수할 수 있다. 종일 '새로 고침' 혹은 '새글' 버튼만 누르며 SNS에 빠져 있는 모습이 한심해 보일지 모르지만 그게 웨이보라면 번역가에겐 역시나 '공부'다.

바이두를 가까이

중국 친구와의 대화, 웨이보 탐독은 신조어를 자연스럽게 습득할 수 있는 방법이기는 하나 그만큼 시간이 꽤 걸린다. 대신 좀 더 능동적으로 신조어 및 유행어를 찾아보고 싶다면 바이두 등 중국 포털 사이트에서 직접 검색해 보는 것도 좋다. 매년 '올해의 10대 유행어' 등과 같은 글이 자주 올라오기 때문에 당시 유행했던 신조어와 유행어를 한눈에 빠르게 확인할 수 있다. 검색할 때 참고하면 좋은 키워드는 다음과 같다.

- 流行用语 유행어
- 网络用语 인터넷 용어
- 网络新词 인터넷 신조어
- 十大网络用语 10대 인터넷 용어
- 2016年十大流行语 2016년 10대 유행어

프로 번역가가 되는 길

번역, 번역, 오로지 번역 생각

'아, 이걸 어떻게 번역해야 좋을까……'

간혹 참 까다로운 표현들을 만날 때가 있다. 직역하면 우스 꽝스럽고, 의역하자니 딱히 괜찮은 표현이 떠오르지 않을 때. 그럴 때면 정말이지 한참을 고민한다. 원문을 여러 번 읽어 보 기도 하고, 풀어헤쳐 보기도 하고, 원문을 구성하는 단어 하나 하나를 중중 사전으로 검색해 가며 다른 단어로 대체해 보기도 한다. 오래 고민을 해도 적절한 표현, 아니 만족스러운 표현이 떠오르지 않으면 표시를 해 놓고 일단 넘어간다. 마감 기한이 빠듯하므로 그 한 문장에 한참을 매달려 있을 여유가 없다. 언 젠가 표시하고 넘어간 문장이 하루 종일 머릿속을 맴돌며 내내

 시나리오 번역, 공부해 볼까?

마음에 걸렸던 적이 있었다. 결국 만족스러운 표현을 생각해 내지 못하고 그날은 그렇게 흘러가 버렸다. 그리고 그날 밤 꿈을 꾸었다. 나는 여전히 노트북 앞에 앉아 있고, 온종일 나를 괴롭히던 그 문장이 계속해서 머리를 헤집고 다니는 꿈. 아침에 눈을 뜨니 잠을 잔 건지 밤새 일을 한 건지 알 수도 없게 머리가 몽롱했는데 순간 웃음이 피식- 나왔다. 꿈에서까지 번역을 하고 있다니. 밤새 고민한(?) 덕일까. 다행히 다음 날 괜찮은 표현이 떠올랐고, 나를 징하게 괴롭히던 그 문장에서 드디어 해방될 수 있었다.

중국어 번역가로 살아가기로 마음먹었다면 번역을 생활화해야 한다. 중국어가 눈에 보이기만 하면 한국어로 어떻게 표현해야 할지를 자동적으로 떠올릴 만큼. 단어 하나, 호칭 하나, 문장 한 줄이라도 생활 속에서 자꾸 번역해 보는 연습을 해야 한다. 특히 시나리오 번역에 관심이 있다면 중국 드라마나 영화를 보면서 '저 대사는 한국어로 어떻게 표현하면 좋을지'를 계속해서 생각해 보자. 언젠가 바로 그 대사가 나의 번역물 속에 떡하니 자리 잡을 날이 올 테니까.

인생과 사람에 대한 공부

앞에서 언급했듯 시나리오 번역은 오로지 텍스트에만 의존

해야 한다. 영상이 없어서 등장인물들의 표정이나 행동을 볼 수가 없기 때문에 지문을 통해 추측하고 표현해 낼 수밖에 없다. 특정 장면에서 인물이 왜 이러한 대사를 했는지, 왜 이런 행동을 했는지가 구체적으로 명시되어 있지 않기 때문에 상상력과 통찰력을 발휘해야 한다. 때때로 '작가가 어떤 의도로 이 대사를 썼을지' 안갯속처럼 모호할 때가 있다. 고민 없이 대사를 그대로 직역해도 누가 뭐라 할 사람은 없다. 다만, '아 다르고 어 다른' 한국어의 특성상 글자 하나만 바꿔도 의미나 분위기가 바뀌기 때문에 의도를 정확히 알면 좀 더 와 닿는 대사로 번역할 수 있다.

한국 배우 지창욱이 남자 주인공을 맡았던 중국 드라마 〈나의 남신我的男神〉의 경우, 대본을 쓴 작가와 친분이 있었다. 그 덕에 번역 작업을 하는 내내 작가의 의도가 궁금해지는 대사를 만날 때면 작가에게 직접 물어볼 수 있었다. 하지만 이건 어디까지나 특수한 경우이고, 대부분은 작가와 직접 이야기를 나눌 수 있는 상황이 안 된다. 오로지 번역가의 사고력과 상상력, 통찰력에 의지해 번역해야 한다. 이러한 능력을 키우려면 평소에 인생과 사람에 대해 관심을 갖고 공부해야 한다. 그래야 인물들 간의 갈등을 정확히 파악하고, 인물들의 감정선을 보다 섬세하게 이해할 수 있으며, 이를 바탕으로 현실감 있는 대사를 쓸 수 있다.

 시나리오 번역, 공부해 볼까?

인생과 사람을 깊이 이해하는 작가가 좋은 글을 써낼 수 있는 것과 같은 이치다. 인생과 사람을 공부해야 캐릭터에 감정 이입을 할 수 있고, 그래야만 원문을 제대로 번역할 수 있다. 앞서, 중국어 공부에 영화와 드라마를 보는 게 도움이 된다고 이야기했는데, 영화와 드라마는 단순히 어학 공부에만 도움이 되는 게 아니다. 다양한 사람들의 다양한 삶을 간접적으로 체험할 수 있으므로, 인생 공부에도 큰 도움이 된다.

읽고, 쓰고, 중국어 번역가의 서재

어느 분야가 되었든 독서의 중요성은 아무리 강조해도 지나치지 않다. 특히 번역가라면, 배경지식을 쌓기 위해 평소 자투리 시간을 이용해(아니, 없는 시간을 쪼개서라도) 독서에 습관을 들여야 한다. 중국어 원서를 꾸준히 읽으면서 중국어의 감을 유지하고 중국 문화에 대한 배경지식을 습득하는 것도 중요하고, 한국어 책 역시 꾸준히 읽어야 모국어 실력도 균형 있게 키워 나갈 수 있다.

나는 책 사는 데에는 돈을 아끼지 않는다. 한 권 한 권이 쌓이면 번역가에게 큰 자산이 되므로, 즐거운 투자다. 책 속의 한 글자 한 글자가 내 번역문을 반짝이게 해 줄 테니 전혀 아깝지 않다. 수시로 서점에 들러 쭉 훑어보면서, 그때그때 눈에 밟히는

읽다 보면 '아, 이 책 정말 강력하게 추천하고 싶다!'는 책들이 있다. 〈강신주의 감정수업〉이 그랬다. 인간이 느낄 수 있는 주요 감정에 대한 이야기들. 번역하면서 등장인물의 심리를 파악해야 할 때, 많은 도움이 된다.

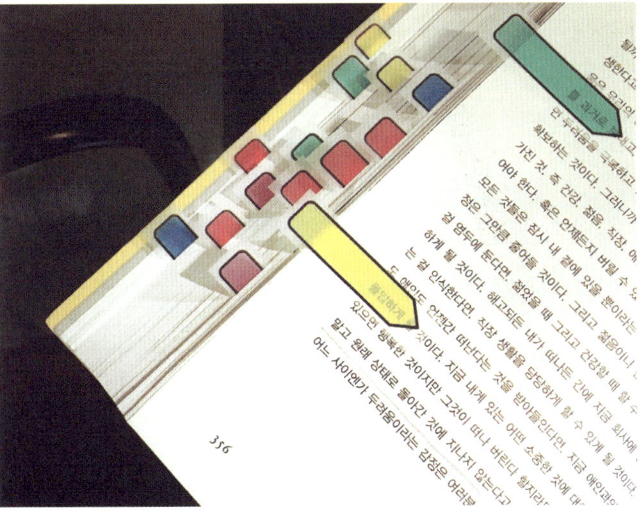

늘 포스트잇과 연필을 옆에 두고 책을 읽는다. 기억하고 싶은 구절이 눈에 띄면 포스트잇을 붙여두거나 밑줄을 긋는다.

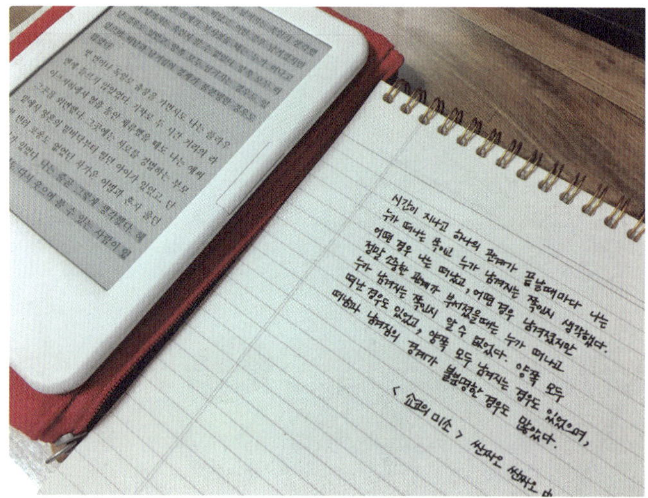

계속해서 곱씹고 싶은 부분은 손으로 직접 써 보거나 블로그 혹은 인스타그램 등 SNS에 기록한다. 눈으로 읽는 것과 손으로 쓰는 건 느낌이 많이 다르다. 손으로 쓸 때는 한 글자 한 글자 깊게 되새기는 느낌이 든다.

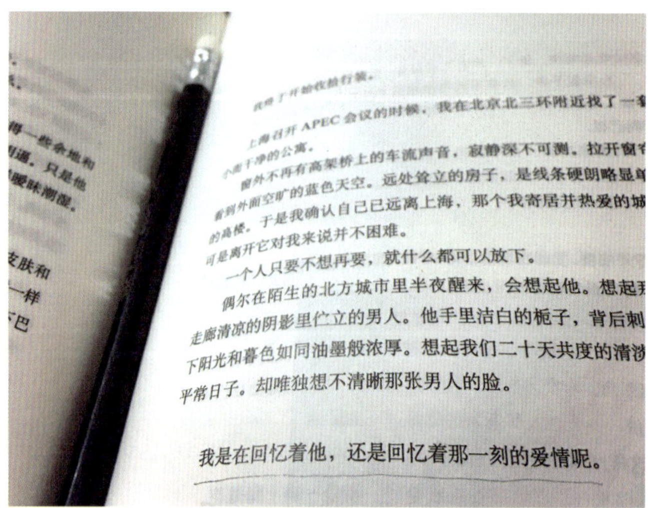

다른 책도 마찬가지지만, 특히나 원서는 '읽는 속도'에 욕심을 내지 않는다. 속도를 내기도 어렵지만, 무리하다 보면 도중에 포기하는 부작용이 발생하기 때문이다. 천천히 읽다가 '我是在回忆着他，还是回忆着那一刻的爱情呢。(나는 그를 추억하고 있는 걸까, 아니면 그때 그 사랑을 추억하고 있는 걸까)'처럼 감성적인 문장을 만나면 가슴이 두근거려서 몇 번을 읽고 또 읽는다.

책들을 구매하고, 그날그날 손이 가는 책을 읽는다. 때문에 한 권을 다 완독한 뒤 다음 책을 집어 들기보다는 동시다발적으로 여러 책을 동시에 읽을 때가 많다. 읽어야 할 장르를 정해 두거나 추천 목록을 참고해 책을 고르진 않는다. 그때그때 가장 끌리는 책을 읽는 것, 나에게는 이것이 독서 습관을 오래 유지해 나갈 수 있는 방법이다. 한때는 너무 바빠서 책 읽을 시간이 없다는 핑계를 입에 달고 살았지만, 지금은 어떻게든 시간을 내서 책을 집어 든다. 책을 다 읽고 나면 인상 깊었던 문장을 따로 정리한다. 필사를 하거나 블로그에 올려 둔 후, 때때로 다시 읽어 본다. 매번 읽을 때마다 느낌이 사뭇 다른 걸 보면 '다시 읽기' 역시 중요하다 싶다.

한편, 필사의 힘은 생각보다 막강하다. 눈으로만 읽던 글을 한 획씩 손으로 움직여 가며 좀 더 깊게 느낄 수 있기 때문이다. 가끔 마음이 복잡할 때는 중국어 글귀를 한 글자씩 따라 써 가며 마음을 가라앉히기도 한다. 글자에 집중하는 동안 엉켜 있던 마음들이 서서히 풀리고, 익숙했던 중국어가 또 새로운 느낌으로 머릿속에 자리 잡는다.

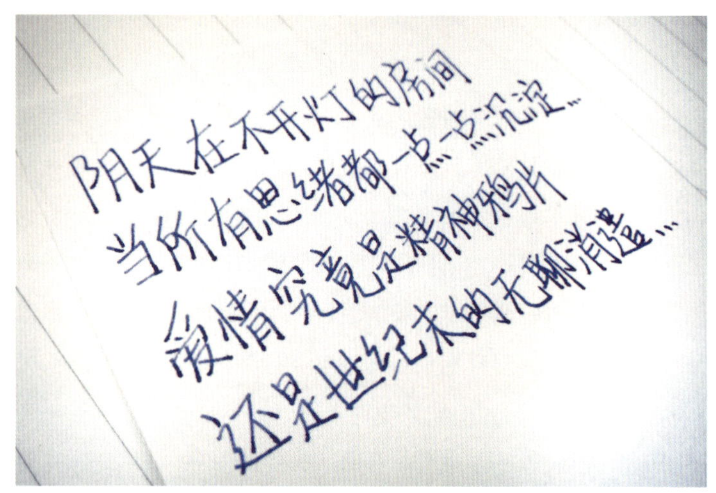

시적인 노래 가사를 만나면 책 속 문구를 따라 베껴 쓰듯 적어 보기도 한다.

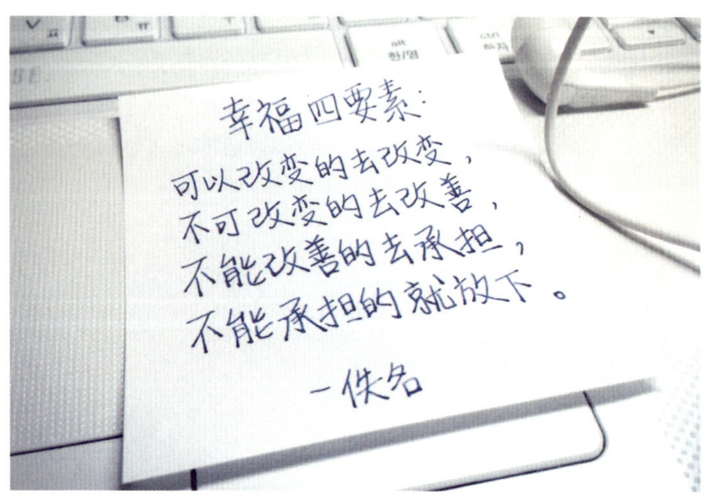

한 번이라도 필사를 거친 문장들은 마음에 좀 더 오래 남는다.

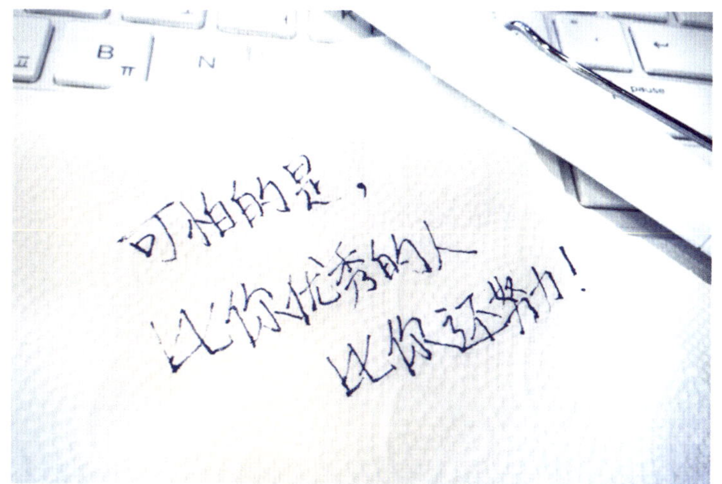

종이가 없을 땐 당장 옆에 있던 냅킨도 훌륭하다.

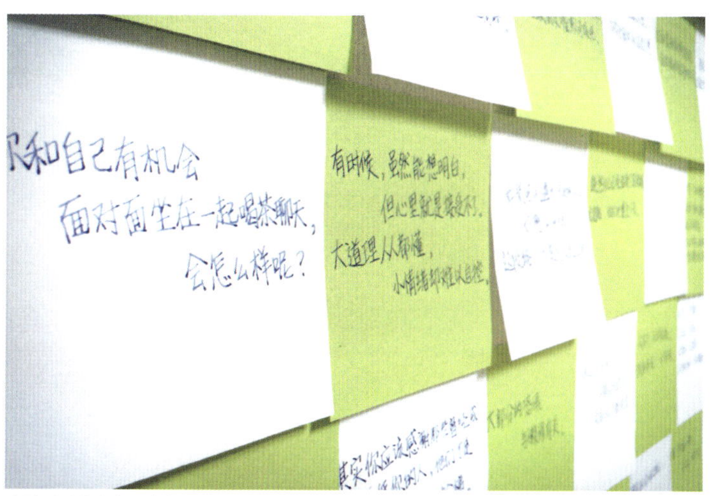

흔한 번역가의 방 꾸미기. 가슴에 와 닿는 글귀를 옮겨 적은 포스트잇으로 벽을 장식하기도 한다.

Chapter 4

시나리오 번역,
한번 해 볼까?

시나리오 번역, 실전!

시나리오 번역 맛보기

2016년 10월~11월. 번역가를 꿈꾸는 이들을 대상으로 '더 라인북스'와 함께 실전 번역 이벤트를 진행했다. 지망생들에게 시나리오 번역을 간접적으로 체험해 볼 수 있는 기회를 제공하는 동시에 지망생들에게 가장 취약한 부분이 무엇일지 알아보기 위해서였다. 2015년에 작업했던 한중 합작 드라마 〈나의 남신我的男神〉의 제작사와 작가에게 허락을 구하고 시나리오에서 문장을 발췌해 번역 제시문으로 제공했다. 약 2주 동안, 60여 명의 도전자로부터 번역본이 날아왔다.

한동안 메일함이 뜨끈뜨끈했다. 번역본에 담긴 도전자들의 열정이 무척이나 뜨거웠다. 참여 인원이 꽤 많았던 만큼 번역본의 양식도, 번역 수준도 정말 다양했지만 번역에 대한 그들의 열정은 모두 같았으리라 생각한다. 막연하게 '시나리오 번역을 한번 해 보고 싶다'고 생각만 하는 것과 직접 손을 움직여 번역을 해 보는 것은 천지차이다. 실제로 번역을 해 봐야 어떤 점이 고민이 되고 어떤 점이 부족한지 파악할 수 있다.

번역 제시문이 짧긴 했지만 한 줄 한 줄 고민하며 번역했을 도전자들을 생각하니 나도 대충 훑어보고 넘어갈 수가 없었다. 번역본을 하나하나 검토하고 첨삭을 한 후 개별적으로 메일을 발송했는데 그 기간만 한 달여가 걸렸다. 첨삭을 하면서 '이것만은 꼭 알려 줘야겠다'고 생각한 주의 사항들을 '외적인 부분(외면)'과 '내적인 부분(내면)' 둘로 나누어 정리해 보았다.

번역, 직접 해 보기

번역 실전 이벤트 때 제시했던 예시문을 다음 페이지에 실었다. 첨삭 내용을 보기에 앞서 직접 한번 번역을 해 보자.

한데 모아 놓으니 꽤나 묵직했던 참가자들의 번역본

등장인물　부잣집 외동딸 杨海衣, 늘 그녀 옆에서 온갖 시중을 다 들어 주는 비서이
자 절친인 元芳.

상황　杨海衣가 남자친구 章文赫에게 줄 도시락을 싸 들고 회사로 찾아가는
데, 章文赫은 현재 업무를 보고 있는 상황. 元芳은 줄곧 章文赫을 탐탁지
않게 생각해 왔다. 아무것도 모르는 순진한 杨海衣에게 날카로운 직관력
을 가진 元芳이 일침을 날리는데!

번역 제시문

8—5. 佳果国际公司章文赫办公室内。日。

秘 书　(将一杯咖啡，放在杨海衣面前)请您稍等一下，章副总跟总裁在忙。

杨海衣　好。没关系，我在这里等他就好。(她抱着爱心水果便当)

秘 书　好。(退出)

元 芳　呀，你这贤妻良母当的不是时候呀！

杨海衣　贤妻良母，还分时候？哎，正好空，我采访采访你，你怎么就这
么不喜欢我们家文赫呢？

元 芳　我喜欢呀，小姐喜欢我就喜欢。

杨海衣　你给我收起那一套，现在，我不是你小姐，你是一个我不认识的
路人甲，你回答我，为什么不喜欢文赫？

元芳想了想。

杨海衣　不准想，直接回答。

元 芳　感觉他不是真心对待你。

杨海衣　(怔住了)没……没有吧！我还一直觉得他对我太好，太包容了
呢！你看我平时对他呵之则来，挥之则去，让他东，他绝对不往
西，让他西，他绝对不往东。

元 芳　你不觉得这就是问题吗？

번역하기

 시나리오 번역, 한번 해 볼까?

등장인물　贺莲娜(여), 章文赫(남)

상황　章文赫은 오로지 자신의 이익을 위해 杨海衣를 이용하다가 버린 남자.
최근 杨海衣가 어느 날 갑자기 등장한 남자 王伟岸과 가까워지고 있다는
걸 알지만, 章文赫의 목적은 오로지 돈과 명예. 서로 대적하는 사이면서
도 각자의 이익을 위해 전략적으로 동맹을 맺고 있는 부잣집 딸 贺莲娜와
만나서 나누는 대화다. 생경하면서도 차가운 두 사람의 관계가 대사에 잘
드러나야 한다.

번역 제시문

28—6. 安静、高档的咖啡馆内。夜。

贺莲娜　我见过那个王伟岸了。

章文赫　唔。(他没什么反应)

贺莲娜　好像是一个还不错的人，你不怕海衣真的跟他在一起？

章文赫　(他笑了)你这问题问得很奇怪。我为什么要怕？
那是我不要的人，谁要，尽管拿去。

贺莲娜　我怎么总觉得你会后悔？

章文赫　(哈哈一笑)我章文赫的人生字典里，有两件事是不存在的。
第一就是：后悔。第二是：反悔。

贺莲娜　(冷笑)很好，祝福你。

처음 만났을 때 5초 만에 상대방의 첫인상을 평가한다는 '첫인상 5초의 법칙', 먼저 알게 된 정보가 나중에 알게 된 정보보다 더 강한 영향을 미친다는 '첫인상 효과' 등 첫인상이 중요하다는 이야기를 자주 들었을 것이다. 그렇다면 첫인상 효과가 사람에게만 해당되는 이야기일까?

첨삭을 위해 번역본을 하나하나 열어 볼 때마다 마치 새로운 사람 한 명 한 명과 첫 대면을 하는 기분이었다. 누군가를 처음 만났을 때, 단 몇 초 만에 상대방에 대한 이미지가 결정되듯 번역본을 열어 볼 때도 전체적인 느낌이 바로 머릿속에 각인된다. 번역본에 대한 첫인상이 좋고 나쁜지를 판가름하는 요소는 딱 두 가지였다.

첫째, 시나리오 번역에서 빠져선 안 될 것이 있다. 바로 씬 번호와 장소 및 시간 설정의 표기다. 영상 번역에서는 볼 수 없지만 시나리오 번역에서는 무척이나 중요한 요소다. 시나리오는 촬영의 가이드라인을 잡아 주는 역할을 하므로, 대사를 말하는 캐릭터 이름은 물론이요, 장면의 번호, 때와 장소 등의 정보를 담는 게 중요하다. 그런데 의외로 이 부분을 빠뜨린 번역본이 꽤 많았다. 아마도 대화문 번역에만 초점을 두고 번역하다 보니 이 점을 미처 생각하지 못한 것 같다.

씬 번호의 표기법이 딱 정해져 있는 것은 아니다. 실제로 작가들도 제각각 다르게 쓴다. 대체로 중국 작가들은 씬 번호·장소·시간 표기와 더불어 해당 장면에 등장하는 인물 이름까지 쭈욱 나열하곤 하는데, 한국의 시나리오 경우 인물 이름까지 나열하는 경우는 거의 없다.

1. 학교 / 오후
#1 학교 – 오후
S#1 학교 (오후)
씬1. 학교, 오후.

위는 씬 번호·장소·시간 표기의 예다. 한국 시나리오들을 보며 정리한 것인데, 작가마다 다른 스타일로 표기한다는 걸 알 수 있다. 예시를 참고해 자신에게 가장 편한 표기법을 선택한 뒤, 처음부터 끝까지 일관성 있게 써 주면 된다.

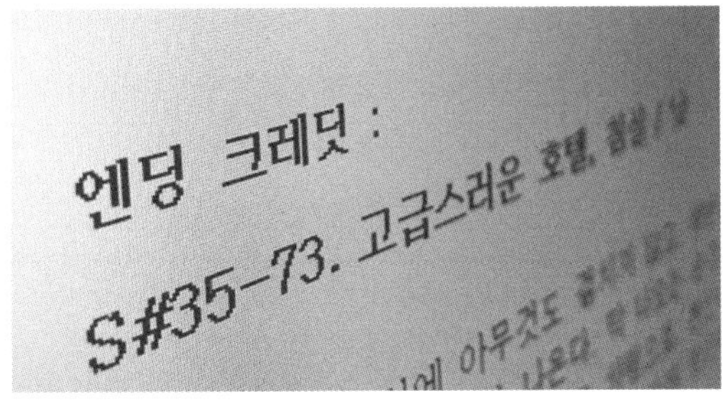

둘째는 필수 요소는 아니지만 지키면 좋을 '시나리오 양식'
이다. 전체적인 틀, 스타일이라고 하면 될까. 이 역시 정해져 있
는 양식이 없기 때문에 틀에 갇힐 필요는 없다. 그저 전체적으
로 대본을 딱 보았을 때, '아, 깔끔하다!', '가독성 좋네!' 정도
만 느낄 수 있게 쓰면 충분하다. 이 양식에 대해서는 뒤에서 다
시 한 번 구체적으로 언급하기로 한다.

시나리오 번역의 내면

첫인상이 너무 좋아서 급호감이 생겼다가도 알고 보니 '영
아니다' 싶은 경우가 있다. 외관이 아무리 번지르르해도 알맹이
가 없으면 좋은 첫인상을 망치게 된다. 시나리오 번역 역시 마찬
가지다. 외적인 부분도 중요하지만, 내적인 부분은 그보다 훨씬
더 중요한 법. 시나리오 번역의 품질은 겉으로 드러나는 양식이
나 스타일보다도 번역 실력을 비롯해 디테일한 부분에서 판가
름이 난다. 번역문을 첨삭하면서 도전자들이 공통적으로 알아
두면 좋겠다고 생각했던 부분을 아래에 정리해 보았다.

첫째, 시나리오답게 번역했는가를 가장 잘 알 수 있는 부분
이 하나 있었다. 바로 '지문'. 시나리오 번역은 배우의 행동을
설명해 주는 지문이 곳곳에 자주 등장한다. 지문을 '반드시 이
렇게 번역해야 한다'라는 가이드라인은 따로 없다. 다만, 아주

사소한 차이 때문에 시나리오 맛이 살아나기도 하고, 소설이 되어 버리기도 하므로 조금만 더 신경 쓰면 번역본의 품질을 높일 수 있다.

예를 들어, 남자 주인공 대사에 '(他笑了)'라는 지문이 있다고 해 보자. 웃고 나서 대사를 하면 된다는 의미다. 이 지문을 독해하면 '(그는 웃었다)'가 된다. 그러나 시나리오 번역을 할 때 '(그는 웃었다)'라고 써 버리면 번역이 우스꽝스러워진다. 행동을 지시하는 지문에 과거형을 쓰는 경우는 거의 없다. 소설처럼 이미 일어난 동작이 아니기 때문이다. 게다가 남자 주인공 대사 부분에 적혀 있는 지문이므로 이 지문은 누가 봐도 해당 남자 주인공의 행동이란 걸 알 수 있다. 그러니 '그는' 역시 표기할 필요가 없다. 마찬가지로 소설이 아니므로 거창하게 설명할 필요가 없다. 시나리오라는 특성을 고려해서 '(웃는)', 혹은 '(웃고)' 정도로 번역하면 충분하다. 또한 '~다'로 끝나는 것보다 '~고', '~는'으로 끝나는 게 조금 더 시나리오답다.

出去 → 나가는 / 나가고
站着 → 서서 / 서 있는
拿起手机 → 휴대폰 들고 / 휴대폰 집어 드는
接电话 → 전화 받는 / 전화 받고

둘째, 뒤에서도 자세히 이야기를 할 테지만 마치 소설이나 연극 말투 같은 번역문이 많았다. 예를 들면, '~걸요.', '~군요' 등의 말투다. 지금 당장 지인에게 이 말투를 활용해 이야기를 건네 보자. "오늘 날씨가 참 따뜻하군요!", "전 지금 배가 고픈 걸요." 왠지 모르게 어색하고 부자연스러우며 오글거리기까지 할 것이다. '자연스러운 입말'은 시나리오 번역에서 무엇보다 가장 중요한 요소다.

셋째, 번역문이 '시나리오'라는 걸 정확히 인지하고 있고, 어느 정도 번역 수준을 갖춘 도전자들이 공통적으로 보이는 문제점이 하나 있었다. 바로 의역의 적정선을 지키지 못하는 것. 아마도 '왠지 직역만 해서는 안 될 것 같고, 애매모호한 문장은 무조건 의역을 해야겠다'는 생각이 들었을 것이다. 실제로 의역은 무척 중요하다. 중국어를 직역했을 때 어색해지는 표현들이 꽤 많기 때문이다. 문제는 적절한 의역을 해야 한다는 건데, '원문에서 한참 벗어난 지나친 의역'을 시도한 이들이 많았다. 간혹 원문 대본에 없는 대사나 지문을 추가해서 번역해 넣거나 아예 삭제해 버리는 경우도 있었는데, 이렇게 지나친 의역은 시나리오 번역일 경우 좀 더 위험하다. 원문 시나리오와 번역본이 동일한 촬영 현장에서 함께 맞물리며 돌아가기 때문이다. 중국 배우는 중국어 원문 대본을, 한국 배우는 번역된 대본을 들고 함께 연기를 한다. 그런데 지나친 의역을 하면 원문 대본과 번역된 대본 사이에 간극이 발생하고, 그렇게 되면 결국 서

로 다른 대본을 들고 연기를 하는 듯한 상황이 되어 버린다. 그
러므로 시나리오 번역은 원문의 내용을 충분히 살리면서 적절
히 의역을 해야 한다. 특히, 소품이라든지 구체적인 용어들을
다른 표현으로 바꾼다거나 뭉개서는 안 된다. 의역을 시도하
되, 불필요한 욕심은 내지 말자.

시나리오 번역의 예시

실전 번역 이벤트에 참여했던 도전자들의 번역본 중 번역
품질이 우수한 세 개를 선정했다. 다른 번역본에 비해 오역이
적고, 표현이 자연스러운 번역본을 가려내 아래에 실었다. 이
것이 정답이라고 할 수는 없지만, 번역 예시로 삼아 참고할 만
하다. 같은 중국어 원문을 어떻게 다르게 번역했는지 비교해
보는 것도 공부에 도움이 된다. 번역문 아래에 첨삭 내용도 함
께 적어 넣었다.

번역 예시문 ❶

비서   (양하이이 앞에 커피 잔을 내려놓으며) 부사장님은 사장님과 미팅 중이십니다, 잠시만 기다리세요.

양하이이   네, 괜찮아요. 여기서 기다리면 되죠, 뭐. (과일 도시락을 소중히 안고 있는)

첨삭   '她抱着爱心水果便当'을 '과일 도시락을 소중히 안고 있는'이라고 번역했다. '爱心' 때문에 '소중히' 안고 있다고 번역한 것으로 보인다. 그러나 원문에서 爱心은 '안고 있는(抱着)' 앞이 아니라 '과일 도시락(水果便当)' 앞에 놓여 있다. 즉, '안고 있다'를 꾸며 주는 게 아니라 '사랑이 가득 담긴, 정성스럽게 싼' 과일 도시락을 의미한다.

비서   네. (하고 나가는)

위안팡   나 참, 이렇게 현모양처 놀이 하고 있을 때가 아니라구요!

첨삭   '你这贤妻良母当的不是时候呀'를 잘못 이해하고 오역을 했다. 양하이이가 현모양처 노릇을 해 보겠다고 과일 도시락을 싸 왔는데, 남자 친구가 업무 때문에 못 나오고 있는 상황. 그러니 위안팡은 '(현모양처 역할을 할) 때를 잘못 잡았다'는 의미로 한 말이다.

양하이이   내조하는데 시간 가려가면서 해? 정말, 말이 나왔으니 물어보자.

왜 그렇게 우리 원허 씨를 싫어해?

위안팡 안 싫어해요. 아가씨가 좋으면 저도 좋은 거죠.

양하이이 됐고, 날 아가씨라고 생각하지 말고, 그냥 저 밖에 지나가는 모르는 사람이라고 생각하고 말해 봐. 왜 원허 씨가 싫어?

위안팡, 생각하는.

양하이이 생각하지 말고, 바로 대답해.

위안팡 아가씨를 진심으로 대하는 거 같지가 않아요.

양하이이 (놀라 어리둥절해하며) 무…무슨 소리야! 원허 씨는 이해심도 많고, 나한테 얼마나 잘하는데! 내가 해 달라는 건 다 해 주고, 싫어하는 건 절대로 안 한다구. 내가 죽으라고 하면 죽는 시늉도 할 사람이야.

28-6. 조용하고 고급스러운 카페 안, 밤.

허리엔나 왕웨이안 씨를 만난 적 있어요.

장원허 아, 그래요. (별 반응 없는)

허리엔나 괜찮은 사람 같던데, 하이이가 그 사람이랑 진짜 잘되는 거, 걱정 안 돼요?

장원허 (우스운 듯 웃으며) 이상한 질문이네요. 내가 왜 걱정해야 합니까? 내가 버린 사람이 누구랑 잘 되든, 신경 안 씁니다.

첨삭 '우스운 듯'은 원문에는 없는 내용으로 번역자의 추측이니 삭제하는 것이 좋다.

　　시나리오 번역, 한번 해 볼까?

허리엔나   난 왜 자꾸 그쪽이 후회할 거란 생각이 들까요.

장원허   (하하 웃으며) 내 인생에 없는 게 두 가지 있어요. 하나는 후회하는 거고, 두 번째는 내 말을 번복하는 겁니다.

허리엔나   (시니컬하게 웃으며) 좋으시겠네요. 잘해 보세요.

번역 예시문 ❷

8-5. 가과 그룹 장원허 사무실 안, 낮.

비서   (양하이이 앞에 커피 잔을 내려놓으며) 잠시만 기다려 주세요. 부사장님께서 회장님과 말씀 중이시거든요.

양하이이   그래요, 그럼 여기서 기다릴게요. (사랑의 과일 도시락을 안고 있다.)

비서   네. (가면)

위안팡   아, 지금 현모양처 노릇할 때가 아니에요!

> **첨삭**   앞서 예시로 든 문장과 비슷한 오류다. 이 부분은 중국어 원문이 어렵지 않았으나 '현모양처 노릇 할 때가 아니다'라고 번역한 경우가 많았다. 쉬운 문장일수록 오역을 저지르기 쉽다. 미묘한 뉘앙스까지 살려 주는 정확한 번역을 해야 한다.

양하이이   현모양처도 때를 가리니? 짬도 났겠다, 인터뷰 좀 하자. 너 왜 그렇게 우리 원허가 싫은 건데?

첨삭

'采访'의 사전적 의미는 '인터뷰'가 맞지만, 직역을 하면 상황에 어울리지 않는다. 좀 더 일상적인 대화체로 바꿔야 한다. '뭐 좀 물어보자'로 의역하는 게 좋다.

위안팡   좋아요. 아가씨가 좋으시면 전 좋습니다.

양하이이   그런 뻔한 말은 됐고. 지금 내가 네 아가씨도 아니고,
너도 내가 모르는 사람이라고 쳐 봐. 왜 원허가 싫은 거야?

위안팡, 생각해 본다.

양하이이   생각하지 말고 그냥 대답해.

위안팡   진심 같지가 않아요.

양하이이   (멍해지며) 아……아니지! 난 오히려 너무 잘해 주고 마음도 넓다고 생각했는데! 평소에도 내 말 한마디면 싫다는 소리 한 번 없이 무조건 다 따라 주잖아.

위앤팡   그게 문제 같단 생각은 안 드세요?

28-6. 조용하고 고급스런 커피숍 안, 밤.

허리엔나   왕웨이안 만났어요.

장원허   네. (별 반응 없다.)

허리엔나   괜찮은 사람 같던데요. 하이이가 그 사람이랑 진짜 사귀진 않을까 걱정 안 돼요?

장원허   (웃는다.) 질문이 이상하네요. 내가 왜 걱정을 해요? 난 필요 없으니까 필요한 사람이 가지라고 해요.

허리엔나 난 어쩐지 그쪽이 후회할 것 같네요?

장원허 (소리 내 웃는다.) 내 사전에 없는 게 두 가지가 있어요.

하나는 후회하는 거고, 또 하나는 번복하는 겁니다.

허리엔나 (냉소적) 그렇군요. 꼭 그러길 바랄게요.

번역 예시문 ❸

8-5. 가과 국제 그룹, 장문혁 사장 사무실 안. 낮.

비서 (커피 한 잔을 양하이이 앞에 놓으며) 잠시만 기다려 주세요,

한창 업무 보실 때라.

첨삭 '章文赫'은 '장문혁'이라고 한글 독음으로 표기했는데, '杨海衣'는 '양하이이'라고 중국어 발음대로 표기를 해서 일관성과 통일성이 깨졌다. 인명과 지명은 일관된 기준을 정하고 표기를 통일해야 한다. 출판 번역이나 영상 번역의 경우에는 엄격하게 적용되는 규정이기도 하다. 다만, 발음이 이상하거나, 배우의 연기를 위한 작업인 시나리오 번역의 경우에는 한자 독음으로 할지 중국어 발음으로 표기할지 번역가가 판단하여 결정할 수 있다. 가령, '谷子地'라는 이름을 한자 독음으로 표기하면 '곡자지'가 된다. '자지'라는 이름은 상상만 해도 웃음이 터진다. 이럴 경우, 중국어 발음대로 '구쯔디'라고 표기하는 게 좋다.

양하이이 네, 괜찮아요. 여기서 기다리면 되요. (도시락을 사랑스럽게 안고)

앞서 지적한 내용과 같은 오류. '도시락을 사랑스럽게 안고'라고 잘못 번역했다. '되요'는 '돼요'라고 표기해야 맞다. 시나리오 번역은 엄격하게 맞춤법을 평가하지는 않지만, 기본적인 맞춤법은 지켜야 한다.

비서　알겠습니다. (나간다)

위안팡　아유, 현모양처 할 타이밍이 아니네요!

양하이이　현모양처, 그런 게 타이밍이 있어? 아니, 마침 잘됐다, 한번 물어나 보자, 넌 왜 그렇게 우리 문혁 씨가 싫은 건데?

위안팡　좋아해요, 아가씨가 좋으면 저도 좋죠.

양하이이　그런 소린 됐고요, 지금부터 난 네 아가씨 아니고, 넌 내가 모르는 사람이야. 자, 대답해 봐, 왜 문혁 씨가 싫은 건데?

위안팡, 잠시 생각한다.

양하이이　누가 생각하래, 바로 대답을 하라고.

위안팡　진심이 아닌 것 같다는 느낌이 들어요.

양하이이　(순간 멈칫하며) 아…아닐 거야! 그 사람 마음도 넓고 얼마나 나한테 잘해 주는데! 봐봐, 그 사람 평소에 내가 오라고 하면 오고 가라고 하면 가잖아. 내가 맞다고 하면 맞는 줄 알고, 틀렸다고 하면 틀린 줄 아는 사람이라고.

위안팡　그러니까요. 그게 문제라고 생각하지는 않으세요?

'그러니까요'는 원문에 없는 문장이다. 없는 말을 함부로 추가하는 것은 위험하다.

리엔나 나 그 사람 본 적 있어요.

장문혁 오호. (별 반응 없이)

리엔나 괜찮은 사람 같던데요, 하이이와 그 사람 같이 있는 거, 불안
하지 않아요?

> **첨삭** 남녀 사이에서 '在一起'는 주로 '사귄다'는 의미로 쓰이므로, '하이이가
> 그 사람이랑 진짜 사귀면 어쩌나 걱정 안 돼요?'라고 번역하는 게 좋다.

장문혁 (웃으며) 질문이 참 이상하네. 내가 왜 불안해야 하지? 나랑
상관없는 사람이야, 누구든 원한다면, 가지라고 해.

리엔나 그런데 어째서 난 당신이 후회할 것 같죠?

장문혁 (하하 웃으며) 나 장문혁 인생에는 절대 없는 두 가지가 있
어, 첫 번째, 후회하는 것, 두 번째, 그래서 번복하는 것.

리엔나 (차갑게 웃으며) 멋지네요, 행운을 빌어요.

앞에서 제시한 세 명의 번역문은 번역 경험이 없는 초보라
고 생각했을 때 꽤 자연스러운 번역에 속한다. 미묘한 뉘앙스
까지 파악하고 좀 더 생생한 구어체로 다듬으면 한결 더 품질이
높아진다. 누군가에게 자신이 번역한 문장을 보여 주고 평가를
받는다는 게 두려울 텐데, 용기를 내서 실전 번역 이벤트에 도
전한 것 자체만으로도 한 걸음 더 번역에 가까워졌다고 할 수
있다.

혼자 번역 연습을 할 때 문제점은 제대로 번역을 했는지 평가해 줄 사람이 없다는 것이다. 그래서 나의 실력을 객관적으로 점검해 줄 사람과 함께 공부하면 좋다. 하지만 현실적으로 그러기가 쉽지 않으므로 현직 번역가가 번역한 번역서라든지 영화 자막을 교재로 삼으면 도움이 된다. 막연히 중국어 번역 한번 해 볼까 꿈꾸는 데서 그치지 않고, 직접 부딪쳐 보기로 결심한 도전자들에게 응원의 박수를 보낸다.

시나리오 실전 번역에 참여한 열정人들!

김성희 | 헬레나 | 전우희 | 박혜진 | 이민정 | 김진화 | 이두경 | 김현진 | 민지원

최주연 | 이현미 | 임보람 | 원아름 | 임혜미 | 이수진 | 고은지 | 강하녕 | 정이슬

임태형 | 박은지 | 최민아 | 진미애 | 윤다슬 | 제갈희 | 김온누리 | 박현주

김수정 | 고정화 | 최유미 | 황의정 | 이효연 | 김명희 | 황윤주 | 노시은 | 김지연

엄유미 | 송유나 | 남아영 | 정효정 | 윤지연 | 이송이 | 강민성 | 이정민 | 오진영

김경아 | 김소영 | 문지혜 | 구혜영 | 김문희 | 이혜영 | 노윤아 | 허다민 | 윤경미

조도은 | 이서연 | 조경미 | 손지유

   시나리오 번역, 한번 해 볼까?

시나리오 번역, 핵심 팁

캐릭터를 분석하라

시나리오 번역을 시작하기에 앞서 무조건 하는 일이 있다. 바로, 백지 한 장 준비하기. 앞서 시나리오 번역 과정에서도 이야기했듯이 인물 관계도를 그리기 위해서다. 시놉시스나 시나리오를 훑어보며 인물 간의 관계를 정리한다. 인물들이 서로 어떤 관계인지 파악해야 존댓말 혹은 반말을 써야 할지, 서로 호칭은 어떻게 할지 등 말투를 설정할 수 있다. 번역가가 번역한 시나리오를 바탕으로 배우가 연기를 하기 때문에 캐릭터를 분석하고 인물 관계도를 그리는 일은 무엇보다도 중요하다. 각 인물의 나이와 성격에 어울리지 않는 말투를 사용하면, 오역이 없더라도 전체적인 번역 품질이 떨어진다. 말투를 설정하는 게 어렵다면, 기존에 보았던 작품들 중 기억에 인상 깊게 남은 등장인물의 말투를 떠올려 보면 된다. 예를 들어, 나의 경우 쿨내가 진동하는 시크한 남자 주인공이 등장할 때면 드라마 〈시크릿 가든〉의 김주원(현빈)이나 〈상속자들〉의 김탄(이민호) 등을 떠올린다. 남자 주인공의 성격에 따라 같은 대사라도 "내 여자 친구가 되어 줘."라고 번역할 수도 있고, "너, 내 여친 해라."라고 번역할 수도 있으니까. 결국 캐릭터가 살아 있는 생동감 넘치는 번역본이 되느냐 마느냐는 캐릭터 분석과 말투 설정에서 시작된다.

번역은 단순히 남의 글을 그대로 옮기는 작업이 아니다. 원문의 테두리 안에서 캐릭터를 창조해 나가는 작업이다. 똑같은 문장이라 해도 번역가가 어떻게 캐릭터를 분석하느냐에 따라 결과물의 품질이 크게 달라진다. 번역업계에서는 '번역가'보다 '번역 작가'라는 호칭을 좀 더 많이 사용하는데, '작가'라는 표현을 쓰는 이유가 바로 여기에 있다.

글말보다 입말

"네가 잘되기를 바라."

깔끔하다. 문법적으로는 문제가 없는 문장이다. 그런데 입으로 직접 소리 내서 말해 보니 그렇게 어색할 수가 없다. '네'도, '-기를'도 그렇고 제일 민망한 건 마지막 '바라'다. "으, 어색해! 도저히 못 참겠네." 시나리오 번역을 하다 보면 이 말을 내뱉게 되는 경우가 한두 번이 아니다. 결국 나는 위 문장을 아래처럼 수정했다.

"니가 잘되길 바래."

다시 입으로 소리 내서 읽어 본다. 아, 왠지 모르게 속 시원해. 이제야 오글거리던 손가락이 펴지는 느낌이다.

맞춤법을 엄격하게 지키는 영상 번역 혹은 출판 번역이었다면 가차 없이 처음 문장으로 수정될지 모른다. 하지만 시나리오 번역이라면 이야기가 달라진다. 시나리오 번역의 목적은 '눈으로 읽기'가 아니라 '입으로 대사를 말하기'니까. 즉, 글말이 아니라 입말로 번역해야 한다. "是我。"와 같은 대사라면 "저입니다."보다 "접니다."처럼 줄여서, "我和你"라면 "나와 너"보다 "나랑 너(랑)"으로 구어체에 가깝게 번역하는 것이다. 그렇다고 맞춤법을 완전히 무시해도 좋다는 뜻은 절대 아니다. 번역가라면 맞춤법 및 띄어쓰기는 기본이므로 번역을 마치고 나서 맞춤법과 띄어쓰기 검토에 공을 들여야 한다. 기본적인 맞춤법은 지키되 구어체로, 직접 소리 내서 말해 보았을 때 어색하지 않은 입말로 번역해야 한다는 의미다.

중국어의 굴레를 벗어던지자

우리는 외국어를 배울 때 '독해'를 한다. 짧은 문장부터 긴 글까지 독해를 하며 단어와 문법을 습득한다. 자격증 시험을 공부할 때도 긴 지문을 독해해 가며 문제를 풀고 연습한다. 그 영향일까. 번역을 독해라고 생각하는 사람들이 적지 않다. 설사 '번역=독해'가 아니라는 것을 안다고 해도 번역 과정에서 독해를 해 버리고 마는 실수를 자주 한다. 중국어로 시작해서 모국어로 끝나야 완성되는 것이 번역인데, 중국어의 굴레에서 벗어나지 못한 채 끝을 내는 것이다.

아래에 나열된 번역문 예시는 어느 유학생이 번역했던 시나리오 중 눈에 띄었던 부분들을 뽑아 본 것이다. '틀린 번역'이라는 말은 아니다. 독해였다면 만점이었겠지만 '번역이기에 수정이 필요한 부분'들을 모았다. 예시를 보며 이게 왜 번역이 아니라 독해가 되었는지 하나씩 살펴보다 보면 번역에 대한 감을 잡을 수 있을 것이다.

1 记住를 번역하는 요령

① 你要记住~。 기억해.

② 要记住~。 기억해.

③ 记得要把我最爱的妹妹拍得漂亮一点。
제가 가장 사랑하는 동생을 더 예쁘게 찍는 걸 잊지 마.

    시나리오 번역, 한번 해 볼까?

무언가 당부하고 싶은 이야기가 있을 때, 다시 한 번 강조하고 싶을 때 중국인들은 앞에 "你要记住~", "你要记得~"를 잘 붙인다. 대부분 이것을 "기억해/기억하세요"로 번역하곤 한다. 틀린 것은 아니다. 다만 이 표현이 몇 번이고 반복되어 나올 경우가 있는데, 그 때마다 전부 "기억해"로 통일해 버리면 부자연스럽다. ①, ②번의 경우 뒤의 내용을 먼저 번역한 뒤 "~해야 돼", "~하는 거 잊지 마" 등 다양한 표현을 뒤에 붙여 주면 좋다. ③번의 경우는 번역이라기보다는 독해에 가깝다. 내가 다른 사람에게 저 문장을 그대로 말해 본다고 가정했을 때 부자연스럽게 느껴진다면 번역문을 한 번 더 다듬어 줘야 한다. "내가 제일 아끼는 동생이니까 더 예쁘게 찍어 줘야 돼."로 바꿔 보면 어떨까.

2 影响을 번역하는 요령

① 只要有一点点差池, 就会对当事人造成极大的影响。

약간의 문제만 있더라도, 관련된 삶에게 엄청난 영향을 줄 테니까.

② 对放送有影响吗？

방송에 영향이 있는 건가?

影响은 한자 독음을 그대로 읽으면 '영향'이 맞다. 하지만 '영향'보다 '지장(을 주다)'로 번역해야 자연스러운 경우가 더 많다. ①번의 번역문을 소리 내서 말로 해 보자. 역시 부자연스

럽다. "조금만 차질이 생겨도 당사자한테 큰 지장이 갈 거야.",
"까딱 잘못했다가는 당사자한테 지장이 엄청 날 텐데." 등으로
번역하면 좋다. ②번은 "방송에 지장이 있어?"라고 번역하면
자연스럽다.

3 現在를 번역하는 요령

① 代表, 現在是该怎么办?

대표님, 지금 어떻게 해야 하는 거죠?

② 您现在是要挟我吗?

지금 협박하시는 건가요?

③ 现在我们要颁发最佳作家奖。

현재 저희는 최고작가상을 발표할 겁니다.

한국어는 표현이 정말 다양하다. 중국어로는 '現在' 하나
로 표현할 수 있는 말도 한국어로는 상황에 따라 '이제/지금/
현재' 등 비슷하지만 뉘앙스가 다른 표현을 쓴다. '現在'를 보
면 어떤 상황인지를 먼저 파악해야 한다. ①번은 앞서 어떠한
사건이 일어난 직후에 나온 대사라는 걸 짐작할 수 있는데, 이
럴 때는 '지금'이 아니라 '이제'라고 번역해야 자연스럽다. '지
금'은 ②번과 같은 상황에서 쓰는 게 적절하다. ③번 역시 '현
재'보다는 '이제'가 더 잘 어울린다.

     시나리오 번역, 한번 해 볼까?

4. 说什么를 번역하는 요령

　① A: (突然转头) 你说什么?

　　B: 没……没说什么。

　　　A: (갑자기 고개를 돌리며) 뭐라고 했어?

　　　B: 아…… 아무것도 말하지 않았어요.

　② (不可置信) 你说什么? 真的吗?

　　　(믿을 수 없다는 듯이) 너 지금 뭘 말하는 거야? 진짜로?

　　같은 '说什么'라고 해도 상황에 따라 다양한 표현으로 번역
해야 한다. ①번을 살펴보면 괄호 안에 '갑자기 고개를 돌리며'
라는 지문이 있는 걸로 봐서 상대방의 말을 듣고 놀라거나 화가
난 상황이라는 걸 알 수 있다. 이때는 "뭐라고?", 혹은 "방금 뭐
라고 했어?"라고 번역하면 생동감이 더 살아난다. '방금'이라
는 표현이 중국어 원문에 없지만, 인물의 감정을 제대로 살려
주려면 의미를 파악한 뒤 적절한 부사를 넣어 주는 것도 좋다.
더 심하게 화가 난 상황이라면 "뭐가 어째?"라고 번역할 수도
있다. 그 말에 대한 대답으로 '아무것도 말하지 않았어요'라고
직역을 했는데, 이 문장 역시 어색하다. "아…아무것도 아니에
요.", "아… 아무 얘기도 안 했는데요.", "아… 아무 말 안 했는
데요." 등으로 번역하거나 조금 더 나아가서 "제… 제가 뭘요."
라고 번역해도 좋다.

②번은 중국어를 직역해서 결국 오역이 되었다. '믿을 수 없다는 듯'이라는 지문을 통해 등장인물이 어떠한 이야기를 듣고 크게 놀란 상황이라는 걸 알 수 있다. 차마 믿을 수 없을 만큼 놀란 이 상황에서 "지금 뭘 말하는 거야?"라고 대답을 하면 무척 생뚱맞다. "뭐?", "뭐라고?", "그게 무슨 소리야?", "너 뭐라고 했어?" 등으로 수정해야 한다.

번역을 할 때, 직역과 의역 중 어느 쪽에 치중해야 하느냐는 사람에 따라 의견이 분분하다. 나는 어떤 분야의 번역이든 '자연스러운 의역'에 중점을 둬야 한다고 생각하는데, 시나리오 번역은 특히나 더 그렇다. 시나리오 번역은 입으로 소리 내서 읽었을 때 자연스러워야 한다. 어딘가 어색하고 부자연스럽다면 그 문장은 중국어의 굴레에 뒤엉켜 있다는 뜻이다. 뒤엉킨 그 굴레를 풀고 또 풀어 뽑아내는 것이 시나리오 번역에서는 아주 중요한 과정이다.

중국어도 아니고 한국어도 아닌

중국식 표현에서 벗어나지 못해 중국어도 한국어도 아닌 채 어정쩡한 말로 남아 버린 번역문들을 모아 보았다. 문맥을 파악하고 상황에 맞게 의역하지 않고 단어 뜻 그대로 직역을 해서 어색해진 경우들이다.

　　시나리오 번역, 한번 해 볼까?

① 你帮我去拿…

날 좀 도와 가지고 와라…

② 请您别帮这家伙说好话。

이 사람을 도와서 대신 말하지 말아 주세요.

'帮=돕다', 완벽하다. 이게 단어 시험 혹은 지문 독해라는 전제 하에서는 만점이다. 단순히 "帮我!"/ "帮帮我!"처럼 "도와 줘!"로 표현되는 단문이 아니라면, '돕다'라는 단어는 일단 잊자. 대신 '~해 주다'로 연결해 보거나 '대신'을 넣어 보자. ①번 문장은 "~를 갖다 줘,", "나 대신 ~를 갖고 와."라고 번역해야 자연스럽다. ②번은 직역을 하면 "이 녀석을 도와서 좋은 말을 하지 말아라."는 뜻이다. 상대방이 내 앞에서 누군가를 대변해 좋은 말을 늘어놓고 있는 것이다. 즉, 누군가의 편을 들어주거나 누군가를 대신해 날 설득하고 있는 상황. 그렇다면 어떻게 의역하면 좋을까? "그 녀석 편 그만 드세요.", "그 녀석 대변할 필요 없어요." 등등 전후 맥락을 살펴 번역하면 된다.

③ 配合度最高的作家呀!

협조 정도가 가장 높은 작가라는 거죠!

④ 这个行业最讲究的就是团队合作精神。

이 업계에서 가장 중요시하는 것이 바로 **단체 합작 정신**이지요.

위의 대사들은 읽으면서 북한말을 보는 듯한 느낌이 들었다. 한자어를 그대로 번역한 탓인데, 중국어를 번역할 때 종종 하는 실수다. 이럴 때는 한자어로 된 단어를 머릿속에서 좀 더 쉬운 표현으로 풀어 보도록 하자. '협조도(협력도)가 높다? → 상대방과 어긋남 없이 보조를 잘 맞춘다 → 호흡이 잘 맞는다' 이런 식으로 의미를 풀다 보면 이해하기 쉬운 표현에 도달하게 된다. 즉, ③번 문장은 "우리랑 호흡이 척척 맞는 작가님이라니까요!"라고 번역하면 된다. ④번의 '단체 합작 정신' 역시 마찬가지다. 단체 활동에서 서로 협동이 잘된다는 의미니까 '팀워크'로 번역하면 좀 더 이해가 쉽지 않을까?

⑤ 真拿你没办法。

정말 널 어떻게 할 방법이 없다.

⑥ 我们俩根本拿他们没办法。

우리 둘도 이 두 분에게 아무런 방법이 없습니다.

⑤번과 ⑥번 문장은 모두 '拿~没办法'가 공통적으로 쓰였다. '~를 어떻게 할 방법이 없다'는 뉘앙스의 표현이다. 그러니 ⑤번의 경우는 때에 따라 '정말 널 어떻게 할 방법이 없구나.'로 번역해도 무방하다. 입말로도 크게 어색하지 않다. 그런데 ⑥번 문장은 부자연스러운 느낌이 강하다. '우리도 그 사람들

 시나리오 번역, 한번 해 볼까?

을 어떻게 할 방법이 없다'라는 뜻인데, 그대로 써도 나쁘진 않지만 '못 말린다', '두 손 두 발 다 들었다', '못 당하겠다' 등 다양한 표현으로 옮길 수 있다. "우리도 그 사람들한텐 두 손 두 발 다 들었거든요."라고 번역하면 좀 더 생생한 대사가 된다.

⑦ 我要让您知道。

알게 해 드릴게요.

⑧ 满意了吧？

만족했지?

⑨ (惊讶)啊？

(놀라면서)아?

앞서 말했듯 시나리오 번역은 원문에서 크게 벗어나지 않는 선에서 의역을 하는 게 좋다. 위 대사들은 직역을 한 탓에 어색해져 버렸다. ⑦번은 어떠한 상황이냐에 따라 "제가 보여 드릴게요."가 될 수도 있고, "제가 말씀드릴게요.", "제가 알려 드릴게요." 등으로 번역할 수 있다. ⑧번 문장은 중국인들이 자주 쓰는 말인데, 한국어 뉘앙스로는 "됐지?", "이제 됐어?", "이제 만족해?" 정도가 좋겠다. ⑨번은 특히 유의해야 한다. 무척 놀라는 상황에서 한국인들은 "뭐?", "헉!", "어머!" 등의 감탄사를 내뱉는데 중국인들은 "啊?"라는 감탄사를 잘 쓴다. 그것을 발음 그대로 "아?"라고 옮겨 놓으면 이상하다. 우리가 놀랄 때 "아?"라는 감탄사를 내뱉는 일이 얼마나 될까. 중국인이 잘 쓰는 감탄사를 모르는 한국 배우가 이 대사를 본다면 당황스러울 것이다.

중국어에서 출발해 한국어로 도착하는 중한 번역. 중국어를 오래 학습한 사람이라면 누구나 '중국식 한국어'의 굴레에서 벗어나려고 애쓴다. 나 역시 지금도 종종 실수를 저지르기 때문에 번역하는 매 순간 끊임없이 고민을 한다. 일단 중국어에서 출발은 했는데, 적절한 한국어를 떠올리지 못해 도착 지점을 못 찾고 헤맬 때가 있는 것이다. 그래서 번역의 품질은 모국어에서 판가름 난다고 하는 게 아닐까. 중국어도 한국어도 아닌 어정쩡한 표현에서 일단 벗어나는 것, 그게 중국어 번역의 기본이자 시작점이다.

'그'와 '그녀'의 사정

중국어를 하다 보면 참 편하다고 느끼는 부분이 있다. 바로 일일이 호칭을 챙겨 말하지 않아도 된다는 것. 남자라면 "他", 여자라면 "她"로, 상대방은 "你" 혹은 "您"으로 부르면 되니 직급이나 이름을 몰라도 호칭하는 데에 크게 불편함이 없다. 하지만 한국어는 사정이 다르다. '그'와 '그녀'는 소설이나 시, 노

 시나리오 번역, 한번 해 볼까?

래 가사에서 볼 수 있는 표현이고 대화 중에 "그가 나한테 화냈어!", "나 그녀한테 고백했다."라는 식으로 사용하는 일이 거의 없다. 하지만 중국어 번역을 하다 보면 너도 나도 쉽게 '그/그녀'라는 호칭을 습관적으로 사용한다. 호칭을 잘못 번역해서 어색했던 번역문을 모아 보았다.

1. 他/她

① 他的资料上有记录啊。

그의 자료에 기록이 있어.

② 去跟她好好地说说话吧。

가서 그녀랑 잘 이야기해 봐.

위의 한국어 대사를 입으로 직접 소리 내서 연기하듯 말해 보자. '그'와 '그녀'에서 멈칫하게 될 것이다. '他'와 '她'를 각각 '그'와 '그녀'로 직역하면 시나리오 번역에서는 치명적인 실수가 된다. 대사 속의 '그'가 누구인지, '그녀'가 누구인지 이름 혹은 직급, 호칭을 파악해야 하고, 그 사람이 화자와 어떠한 관계인지도 생각한 뒤 적절한 호칭으로 대체해야 한다. 예를 들어 ①번 문장에서 '他'가 화자의 친오빠였다면 "우리 오빠 자료에 기록이 있어.", ②번 문장에서 '她'가 상대방의 여자 친구였다면 "가서 여자 친구랑 잘 얘기해 봐."라고 번역해야 자연스럽다.

2. 你/您

　　① (生气地瞪大眼睛)你……

　　　　(화가 나 눈을 크게 뜨며) 너……

　　② (愕然)是您?

　　　　(놀라고) 너?

　　언쟁을 벌이는 상황이나 뜻밖의 상황에서 자주 나오는 대사
다. 상대방이 어떤 말로 자극을 했을 때 순간 흥분하며 내뱉는
말 "너……", 그리고 뜻밖의 장소에서 우연히 아는 사람을 만났
을 때 하는 말 "어? 너는……" 등이 그것이다. 위의 예시문은 둘
다 '너'로 번역해 버렸다. 대화 속 두 사람이 대등한 관계였다
면 크게 문제될 게 없지만, ①번 문장의 화자는 신인 여배우였
고 상대방은 국장이었다. 아무리 화가 나고 흥분한 상황이라고
해도 국장에게 갑자기 "너……"라고 내뱉을 수 있을까. '너'라
고 호칭할 만한 특수한 상황이 아닌 한, "국장님……"으로 번역
해야 한다. ②번 문장은 뜻밖의 장소에서 아는 사람을 마주친
상황이다. 드라마 속 남녀 주인공이 여러 번 우연히 마주치는
상황에서 잘 나오는 대사이기도 하다. 이런 상황에서는 "어?
또 너야?", "어? 어떻게……", "어? 또 만나네?" 등으로 의역을
해야 한다.

　　시나리오 번역, 한번 해 볼까?

가독성까지 고려한 번역

아래에 두 개의 번역문이 있다. 2016년에 번역했던 중국 드라마 〈선풍소녀2 旋风少女2〉 시나리오 중 일부다.

번역문 ❶

> 고개를 돌리는 창안. 바이차오가 살짝 굼뜬 동작으로 옷을 잡더니, 동시에 난처한 얼굴로 구두를 바라보는데.
>
> **창안** (잠시 조용히 있다가, 뒤로 손 하나 내밀고) 야시장에 사람 많으니까, 잘 따라와.
>
> 바이차오가 창안의 뒷모습을 뚫어지게 바라보다, 또 다시 창안이 내민 손을 멍하니 바라본다.
>
> **창안** (고개 돌려, 바이차오 보고) 뭘 멍 때리고 있어?
>
> **바이차오** 네? (정신 들고) 네!

번역문 ❷

> 고개를 돌리는 창안. 바이차오가 살짝 굼뜬 동작으로 옷을 잡더니, 동시에 난처한 얼굴로 구두를 바라보는데.
>
> **창안**　　　(잠시 조용히 있다가, 뒤로 손 하나 내밀고) 야시장에 사람 많으니까, 잘 따라와.
>
> 바이차오가 창안의 뒷모습을 뚫어지게 바라보다, 또 다시 창안이 내민 손을 멍하니 바라본다.
>
> **창안**　　　(고개 돌려, 바이차오 보고) 뭘 멍 때리고 있어?
>
> **바이차오**　　　네? (정신 들고) 네!

두 개의 번역문을 전체적으로 훑어봤을 때 둘 중 어느 것이 더 눈에 잘 들어오는가?

앞서 얘기했듯이 시나리오 번역에 정해진 형식이 따로 있는 건 아니다. 하지만 배우나 제작진이 읽어야 할 시나리오라고 생각하면, 좀 더 보기 좋게 형식을 정리하는 게 좋다. 번역본을 첨삭 및 감수하다 보면 〈번역문 1〉처럼 문서를 작성하는 경우가 많았다. 틀렸다고 할 수는 없지만, 지문과 대사가 분리되지 않으니 눈에 잘 들어오지 않는다.

나는 번역을 할 때마다 늘 배우의 입장에서 생각한다. 배우가 보기 편하게 가독성까지 고려하며 번역을 하고 형식을 정리한다. 필요한 경우에는 중국어나 중국 문화에 익숙치 않은 한국 배우가 대사를 제대로 이해할 수 있게 주석을 적어 넣기도 한다. '이 대사가 나온 이유는 이러한 중국 문화 때문이다.'라든가, '이 대사 속 농담은 중국어의 이런 특성 때문에 나온 것이다'라는 식으로 설명해 주는 것이다. 빠듯한 기한 때문에 마감에 쫓기는 와중에 주석까지 적어 넣기란 사실 쉬운 일이 아니다. 하지만 배우가 제대로 연기하도록 돕는 게 시나리오 번역의 1차 목적이므로 안일하게 넘어갈 수는 없다. 한국 작품이었다면 작가와 배우가 바로 소통을 할 수 있지만, 한중 합작으로 제작하는 상황에서는 중국어 번역가가 소통의 가교 역할을 해야 하지 않을까.

　시나리오 번역, 한번 해 볼까?

Chapter 5

설레는 번역가의
일상

설레는 번역가의 작업실

한국판 〈꽃보다 남자〉에서 윤지후는 이렇게 말했다. '하얀 천과 바람만 있으면 어디든 갈 수 있다'고. 나는 이렇게 말하고 싶다. '노트북만 있으면 어디든 번역가의 작업실이 된다'고.

지금은 개인 작업실을 갖고 있지만, 2년 전까지만 해도 노트북을 들고 카페를 전전하는 카페 유랑자였다. 비교적 한가한 카페에서는 종일 앉아 2~3잔씩 거듭 음료를 주문해 가며 일하기도 했고, 회전율이 비교적 빠른 카페라면 민폐를 끼치고 싶지 않은 마음에 여러 곳을 옮겨 다니며 일했다.

번역, 그리고 커피

나의 번역 현장에 커피가 빠졌던 적은 단 한 번도 없다.
커피향 가득한 카페가 나에게는 최고의 작업실인 셈이다.
그러나 카페에서만 번역을 했던 건 아니다.
마감에 쫓길 땐 어느 곳이든 작업실로 변신한다.

할머니댁에서의 번역

친척집을 가야 하는데 마감이 코앞이다?
어쩔 수 없다. 노트북을 짊어지고 가는 수밖에.
할머니댁에서도 번역을 해야 했던 이유다.

여행지에서의 번역

중국 샤먼 여행을 앞두고, 갑자기 들어온 시나리오 번역.
마감을 맞추느라 여행 첫날은 중국 커피숍에서 꼬박 앉아 일을 했다.

병원에서의 번역

언젠가 아빠가 입원하셨을 때,
입원실 보호자 침대 위에서 혹은 병원
로비에서도 번역을 했던 기억이 있다.
병원 냄새가 진동하는 곳에서의 번역은
무척 낯설었지만 한편으로 색다른 경험이었다.

한밤의 번역

모두가 잠든

고요한 밤부터 새벽까지.

어둑한 방안에서도

번역은

계속된다.

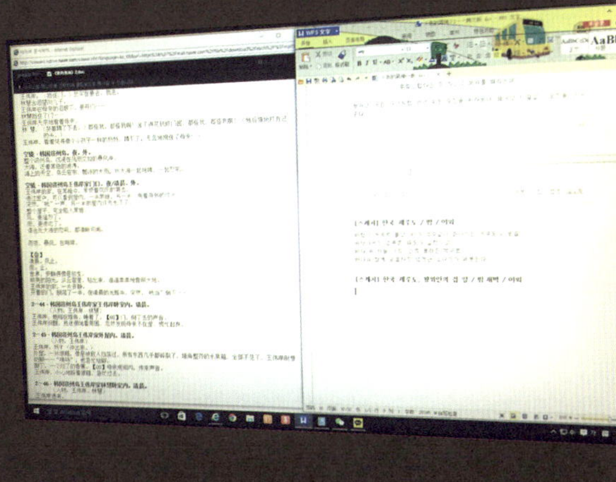

설레는 번역가의 '중국어로 힐링해'

'차라'라는 이름으로 블로그에서 공유하는 콘텐츠가 여럿 되지만, 그중에서도 가장 애착이 가는 콘텐츠를 꼽는다면 바로 〈중국어로 힐링해〉다. 2013년 7월부터 마음에 와 닿는 중국어 문장을 번역해서 블로그에 올리기 시작했는데, 몇 년 동안 꾸준히 올리다 보니, 어느새 200여 개에 가까운 글이 쌓였다. 처음에는 그저 좋은 글귀를 나누고 싶은 마음에 시작했지만 지금 생각해 보면 〈중국어로 힐링해〉는 내게 '꾸준히 번역 연습을 할 수 있는 매개체'였다.

'번역가가 되고 싶다', '번역 연습을 해야겠다'라는 생각이 들면 대부분 중국어로 된 원서 한 권을 야심 차게 집어 들고, 혹은 긴 호흡의 중국 영화 한 편을 틀어 놓고 '번역 한번 해 봐야지!' 한다. 그러나 한 30분, 아니 10분만 해 보면 금방 깨닫는다. 번역이라는 게 생각만큼 쉬운 일이 아니라는 걸. 의미를 제대로 이해하고 난 뒤 그것을 가장 적절한 한국어로 끌어내는 과정도 어렵거니와 일단 야심차게 마음먹고 시작한 번역 연습을 꾸준히 한다는 것은 다이어트 결심 만큼이나 어렵다.

목표와 시작은 가볍게 잡는 것이 좋다. 책 한 권, 영화 한 편은 전문 번역가들도 긴 시간을 잡고 심혈을 기울여야 가능하다. 번역에 관심이 생겨서 '한번 해 보고 싶다'라는 생각이 든다면, 일단 '하루 한 문장씩' 시작해 보길 권한다. 오로지 한 문장에만 집중해서, 이것을 어떻게 표현해야 더욱 맛있는 글로 번역해 낼 수 있을지 고민해 보자. 1일 1문장이 일주일이면 7문장, 한 달이면

30문장이 된다. 그렇게 직접 번역해 보며 고민하는 시간이 켜켜이 쌓여 가다 보면 자신도 모르게 번역 실력이 좋아질 것이다.

別为小事去计较,　　사소한 일에 연연하지 않고
別为钱财去烦恼,　　돈 때문에 근심하지 않고
別为贪欲去笼罩,　　욕심에 어두워지지 않으며
別为情绪去困扰,　　감정에 시달리지 않고
別和他人去比较。　　남과 비교하지 않기를.

중국어 원문 출처:Weibo, 번역:김소희

有人说
如果你在冬天遇到喜欢的人
他可以把你的冬天变成春天。

누가 그러는데
겨울에 좋아하는 사람을 만나면
그 사람이 겨울을 봄으로 만들어 줄 거래.

중국어 원문 출처:Weibo, 번역:김소희

曾经以为, 爱一个人是很简单的。

한때는, 누군가를 사랑한다는 건
심플한 거라고 생각했습니다.

爱便是爱,
两个人一起, 会很快乐。
后来, 我们才知道,

사랑은 곧 사랑일 뿐,
두 사람이 함께하면 즐거울 거라고요.
훗날이 되어서야 우린 알게 됩니다.

爱一个人, 是多么复杂的情绪。

누군가를 사랑한다는 게,
실은 얼마나 복잡한 감정인지.

장샤오셴(张小娴)의 에세이 〈날 떠나 줘서 고마워(谢谢你离开我)〉 중

猫喜欢吃鱼，猫却不能下水，
鱼喜欢吃蚯蚓，鱼却不能上岸。
人生，就是一边拥有，一边失去；
一边选择，一边放弃。
人生，哪有事事如意，
生活，哪有样样顺心。

고양이는 생선을 좋아해도 물에 못 들어가고,
물고기는 지렁이를 좋아해도 뭍에 못 올라가.
인생이란, 소유하면서도 잃어 가고,
선택하면서도 포기해 가는 거야.
만사가 내 뜻대로 되는 인생이 어디 있고,
하는 일마다 술술 풀리는 삶이 어디 있겠어.

중국어 원문 출처:Weibo, 번역:김소희

以前以为坚持就是永不动摇，

现在才明白，
坚持是犹豫着、退缩着、
心猿意马着，但还在继续往前走。

예전에는 '버텨 낸다'는 게
흔들리지 않는다는 의미인 줄 알았거든.

근데 이제 알았어.
갈팡질팡하고, 뒷걸음질도 치고,
혼란스러워도 여전히 걸어 나가는 것,
그게 바로 버텨 내는 건가 봐.

중국어 원문 출처:Weibo, 번역:김소희

공부는 계속된다

중국어 공부, 어떻게 하면 재미있고 효율적으로 할 수 있을까? 모든 어학 공부가 그렇듯 중국어 역시 단시간 내에 정복할 수 있는 비법이 따로 있진 않다. 꾸준함이 정답이고 생명이다. 대신 그 꾸준함에 '깨알 같은 노하우'를 살짝 곁들여 주면 지루했던 중국어 공부도 설렘으로 다가올 것이다.

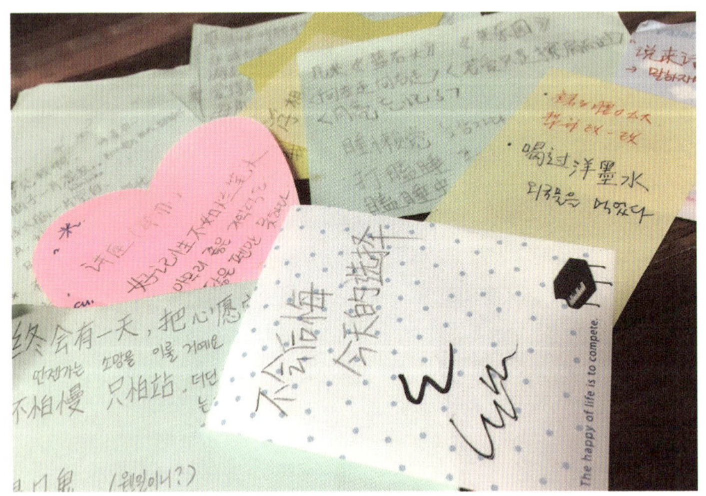

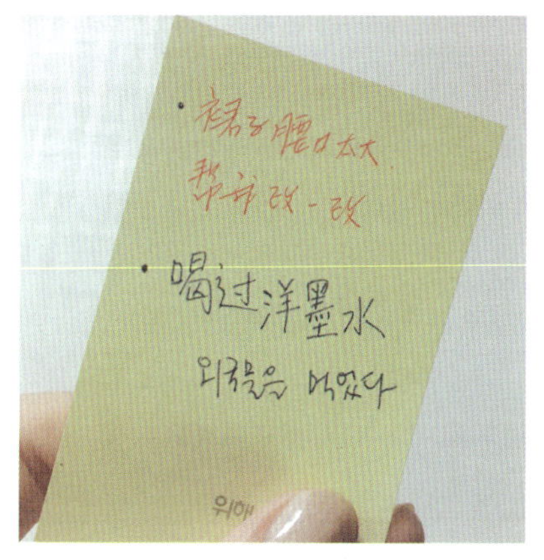
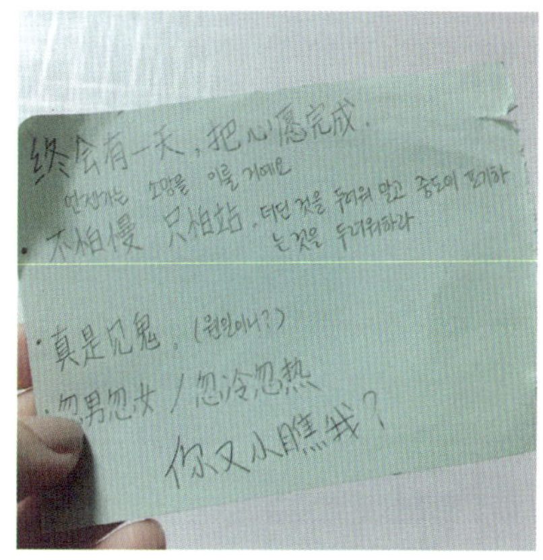

포스트잇을 활용한 반복 학습

'死记硬背'라는 말이 있다. 이해도 못 하면서 억지로, 기계적으로 암기하는 것을 뜻하는 성어다. 학창 시절, 영어 시간에 단어 쪽지 시험을 앞두고 종이에 빽빽하게 써 가며 단어를 외우던 것을 생각해 보면 금방 이해가 된다. 물론, 쪽지 시험이나 자격증 시험 등이 코앞에 닥쳤을 때는 '死记硬背'를 해야 할 경우가 있다. 그러나 이해 없이 억지로 외운 단어는 곧 우리 머릿속을 떠나기 마련. 그래서 나는 발등에 불이 떨어진 경우가 아니라면, 평소에는 포스트잇을 활용해 단어 및 문장을 흡수하는 방법을 쓴다.

책이나 드라마를 보다가도 기억하고 싶은 단어나 문장을 발견하면 포스트잇에 얼른 적어두고 벽이나 모니터 옆 등에 사정없이 붙여 놓는다. 지나가다 쓰윽- 보고, 멍 때리다가 쓰윽- 보고 하는 식으로 계속 '보고 또 보는' 것이다. 이렇게 무의식중에라도 자주 보고 또 보고 하다 보면 어느새 포스트잇에 적어 둔 표현들이 내 머릿속에 콕 박힌다.

독학을 할 때 가장 답답한 점은, 내가 쓰는 표현이 정확한지 봐 줄 선생님이 없다는 점이다. 이왕이면 원어민 선생님을 곁에 두면 좋겠지만 생각처럼 쉽지 않다. 그래서 궁리 끝에 발견한 나만의 비법이 있다. 바로 중국 검색 포털 사이트인 '바이두'를 원어민 선생님으로 삼기.

방법은 간단하다. 내가 표현하고 싶은 문장을 중국어로 작문해 본 뒤, 바이두 검색창에 넣어 검색해 보면 끝! 예를 들어 '今天不冷(오늘은 춥지 않다)'라는 문장을 썼다고 가정해 보고, 이 문장을 바이두로 검색해 보면 관련된 표현들이 다양하게 보인다.

일단 '今天不冷' 문장이 많이 검색되는 걸 보면 중국인이 잘 쓰는, 틀리지 않은 표현이라는 걸 알 수 있다. 더 나아가 관련된 표현들을 통해 어휘를 좀 더 확장할 수 있다. '今天不是很冷吗？(오늘 춥지 않아요?)', '今天不冷, 是吧(오늘 안 춥네요, 그렇죠?)' 등등 다양한 표현을 접할 수 있다.

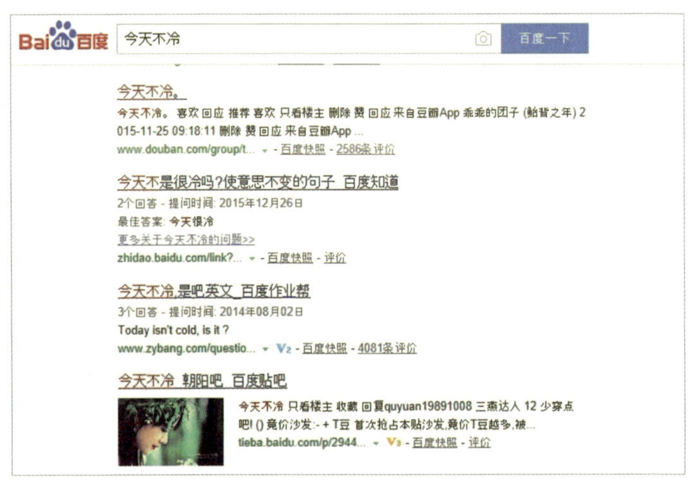

페이지를 넘겨 가며 조금 더 살펴보면, 훨씬 많은 문장들이 보인다.

今天冷不冷, 反正我不冷, 哈哈。
오늘 추운가? 암튼 난 안 추운데, 하하.

今天冷不冷? 不用查天气预报了, 朋友圈告诉你。
오늘은 추울까요, 안 추울까요? 일기예보 찾아볼 필요 없습니다.
'모멘트'가 알려 드리지요.

今天冷不冷? 多少度了?
오늘 추운가요? 몇 도예요?

물론, 인터넷 용어들이 섞여 있기 때문에 바이두에서 검색되는 모든 표현이 '문법적으로 정확한 표현'이라고 할 수는 없다. 그래도 중국인이 잘 쓰는 말인지, 내가 작문한 표현에 큰 오류는 없는지를 확인하기에는 큰 무리가 없다.

번역가의 중국 여행

워낙 중국과 중국인에 대한 좋은 추억이 많아서 그리움 때문에 종종 중국 여행을 떠나지만, 번역가가 된 이후로는 명분이 조금 더 확실해졌다. 하루가 다르게 확확 변해 가는 중국이기에, 주기적으로 중국을 방문하지 않으면 '오늘의 중국'을 느낄 기회를 놓치기 때문이다. 보통의 여행자 눈으로 보는 중국과 번역가의 눈으로 보는 중국은 여러 면에서 참 많이 다르다. 느끼는 바도, 얻어 오는 것도 전부 다. 그래서 언제나, 호시탐탐, 중국으로 떠날 수 있는 때를 노리고 또 노린다. 보고 만나고 느낀 것 모두를 부지런히 자산으로 쌓아 두기 위해서.

제일 기억에 남는 여행은 중국 남방에 위치한 '샤먼厦门,하문' 여행. 중국 작가와 중국 배우, 그리고 한국인 번역가인 나까지 조금 특별한 조합이었던 셋이 떠난 여행이었다. 쉴 새 없이 대본과 스토리에 대해 이야기를 나누는 작가와 배우 옆에서 나는 신기한 듯 두 사람의 이야기를 듣고 또 들었다. 여행의 반 이상이 '수다'처럼 즐거운 '일' 이야기였던 여행. 번역가로서 경험할 수 있었던 최고의 순간이었다.

샤먼 여행 마지막 밤. 지하도에서 우연히 만난 기타 청년을 잊을 수가 없다. 중국 드라마에서 보았던 중국의 버스커가 아닌가. 우리의 이런저런 물음에 수줍게 답을 하던 기타 청년은 우리의 신청곡을 연주하며 불러 주기도 했다. 저만치에 두꺼운 이불을 뒤집어쓰고 엎드려 있던 중국의 노숙자가 기타 청년의 노래를 함께 흥얼거리던 모습 또한 아직도 눈에 선하다. 추운 겨울, 차디찬 지하도에 온풍이 불었던, 아주 생경하고도 신기했던 그날의 기억은 따뜻한 한 페이지로 내게 남아 있다.

언제부턴가 중국 여행을 가면 반드시 영화관에 들러서 영화를 한 편씩 꼭 보고 온다. 장르 불문, 무조건 중국 작품으로. 한국에서는 보기 힘든 중국 영화에 대한 헛헛함을 달래고, 동시에 중국 작품의 동향까지 체감할 수 있는 기회다. 중국 관객들 사이에 덩그러니 혼자 앉아 같은 작품을 함께 감상하는 즐거움은 '그간의 중국어 공부가 헛되지 않았다'는 믿음, 그리고 '더 잘하고 싶다'는 동기 부여가 되어 마음에 담긴다.

화려한 모습이나 유명한 관광지 대신 소소한 일상의 장면들이 눈에
들어오기 시작한 것도 번역가의 눈으로 중국을 바라보면서부터다.
내 눈에 담았던 중국인들의 소소한 일상이 시나리오를 번역하면서
하나둘 머릿속에 떠오르곤 한다. 시나리오를 채우는 건 화려하고 멋
들어진 모습보다 소박하고 잔잔한 일상인 경우가 많기에, 그 소소한
장면들 하나하나가 번역본에 담기고 새겨진다.

번역가의 책 쓰기

〈쩐더! 쉽게 바로 써먹는 중국어 여행 회화〉

'내 이름으로 출간된 책 한 권'이 있다면 얼마나 좋을까. 언제가 되어도 좋으니 내 평생 '김소희'라는 이름 석 자가 새겨진 '나의 책'이 서점에 자리 잡고 있는 날이 오기를, 꿈꾸고 소망했었다. 그 꿈을 이루려고 나름 노력도 했지만, 운이 따르기도 했다. 전자책을 포함해 내 이름으로 출간된 책이 어느새 세 권이나 됐으니. 늘 감사하게 생각하고, 때문에 겸손해야 한다고 생각한다.

'중국과 중국어'라는 테마를 중심으로 블로그에 글을 하나씩 채워 가던 어느날, '중국과 관련된 개인 에세이' 집필에 대한 제안을 받은 게 신호탄이었다. 그러나 내 이름을 걸고 출간하는 에세이는 기획도, 집필도 쉽지 않아서 약 2년 넘는 기간 동안 여러 차례 원고 수정을 거듭하며 여전히 제작 중에 있다.

그 사이 다른 출판사에서 블로그에 공유했던 중국어 힐링 글을 정리해서 전자책으로 내면 어떻겠냐는 제안을 받았다. 〈차라의 중국어로 힐링해(더라인북스)〉전자책은 그렇게 해서 탄생한 나의 첫 번째 집필서다. 이후 중국 여행 에세이와 중국어 회화를 함께 담아 낸〈쩐더! 쉽게 바로 써먹는 중국어 여행 회화(허니와이즈)〉가 종이책으로는 첫 저서가 되었고, 2016년에 출간한 회화책〈네이티브는 쉬운 중국어로 말한다(길벗이지톡)〉은 몇 번의 재쇄를 거듭하며 과분한 사랑을 받고 있다.

번역가가 회화책을 집필하다니 의아할 수도 있겠다.〈쩐더! 쉽게 바로 써먹는 중국어 여행 회화〉의 편집자는 '중국어 강사가 아니라, 시나리오를 번역하는 번역가이기 때문'이라고 집필 제안의 이유를 설명해 주었다.〈네이티브는 쉬운 중국어로 말한다〉역시 '드라마와 영화를 번역하는 번역가가 쓸 수 있는 회화책'이 주요 콘셉트였다. '시나리오 번역가'와 '책 쓰기' 사이에 존재하지 않을 것만 같던 접점이 생각지 못한 새로운 방향으로 뻗어 나갔던 것이다. 놀랍고도 신기했다.

〈네이티브는 쉬운 중국어로 말한다〉

책 쓰기는 번역과 또 다른 세계였다. 장편 드라마 시나리오 번역은 길면 2~3개월의 과정인데, 책 쓰기는 그보다 훨씬 더 긴 호흡으로 끌고 가야 하는 작업이라 처음에는 그 조절이 쉽지가 않았다. 책을 쓰다가도 번역 의뢰가 들어오면 바쁘게 또 번역에 매진하고, 번역이 끝나자마자 다시 또 책 원고 집필로 돌아가는 과정을 몇 년간 계속 거듭했다. 가장 처음 집필 제안을 받았던 에세이와 〈중국어 번역가로 산다는 것〉까지 포함하면 앞으로 몇 권의 책이 더 출간될 예정이다. 집필하는 기간 동안은 내내 힘들지만, 결과물이 예쁜 책으로 탄생해 내 손 위에 놓이는 순간, 그때의 그 가슴 터질 듯한 설렘에 나는 앞으로도 열심히 쓰고 또 쓰고 싶다. 기회가 주어지는 한, '중국어'라는 콘텐츠를 가지고 다른 누군가가 담지 못했던 이야기들을, 나만의 스토리로 예쁘게, 소중하게.

올 한해는 이런저런 좋은 소식들이 많았던 탓인지 누군가는 내게 '늘 승승장구 하는 것 같다'고 했다. 실패담을 일일이 적어두지 않았으니 또 누군가는 나를 두고 '운이 좋은 사람'이라고 이야기할 수도 있다.

그런데, 나라고 왜 실패와 좌절이 없었을까. 나의 책을 쓰고 싶어 용감하게 출간 기획서를 보냈다가 퇴짜를 맞은 적도 있었고, 이야기가 잘 진행되다가도 의견이 맞지 않아 무산된 적도 있었다. 번역서를 낼 수 있는 기회가 갑작스럽게 찾아왔다가 갑작스럽게 무산되기도 했고, 번역서로 내고 싶어 준비하고 있던 책이 다른 사람들 손에 의해 만들어지는 것을 보고 며칠 잠을 설치기도 했다.

그 후엔 책을 쓴다는 것에, 번역서를 낸다는 것에 그리 연연하지 않았던 것 같다. 그저 전부터 해오던 일들을 비롯해 본업을 묵묵히 계속 해나가는 게 나에겐 최선이었다. 오늘날의 작은 성과는 모두 그것들이 모여 만들어졌다.

아직도 나는 과정 중에 있다. 앞으로 어떤 상황이, 어떤 일들이 찾아올지 모르지만 지금껏 해오던 대로 묵묵히, 꾸준히, 모든 것을 해나가고 싶다. 그러니, '다들 저렇게 승승장구하는데 나는 왜 제자리일까.' '저렇게 운이 좋은 사람도 있는데 나는 왜 이럴까.' 하는 생각으로 고민하지 않았으면 좋겠다.

솔직히 고백하면, 나도 늘 그런 고민에 빠져 살았고, 지금도 그렇지만.

또 다른
중국어 번역가
이야기

글 쓰는 출판 번역가
김정자

읽고 쓰는 것을 좋아하는 프리랜서 중국어 번역가. 저서로는 〈이젠, 함께 걷기다〉(공저), 옮긴 책으로는 〈곤경〉, 〈청춘, 그저 견디기엔 너무 아까운〉, 〈천재는 왼쪽 미치광이는 오른쪽〉, 〈인생은 지름길이 없다〉, 〈멈추어야 할 때, 나아가야 할 때, 돌아봐야 할 때〉, 〈행복이란 무엇인가〉, 〈전쟁호르몬: 인류의 일곱 번째 본능〉, 〈얼굴, 시간을 새기다〉, 〈베일에 가려진 스파이 이야기〉, 〈역사가 기억하는 세계 100대 의학〉 등 다수가 있다.

나는 어릴 때부터 내성적이고 수줍음 많은 아이였다. 낯선 사람들을 보면 숨기 바빴고 선생님이 출석을 부를 때 '네'라고 대답하는 것조차 부끄러워 얼굴을 붉혔다. 그런 나를 세상 밖으로 데리고 나온 것은 단 한 권의 책이었다.

"새는 알에서 나오려 투쟁한다. 알은 세계다. 태어나려는 자는 하나의 세계를 깨뜨려야 한다." 초등학교 5학년 여름방학

때 독후감을 쓰기 위해 읽었던 〈데미안〉을 통해 나는 온몸으로 전율했고 처음으로 희열을 느꼈다. 그때 느꼈던 충격과 감동을 다시 느끼고 싶어 닥치는 대로 책을 읽었다. 그리고 지금까지도 아무것도 안 하고 책 무덤에 파묻혀 밤새워 책을 읽는 게 소원인 만큼 독서의 즐거움에서 빠져나오지 못했다.

솔직히 내가 번역가가 된 이유나 번역가가 되기로 결심한 순간을 묻는다면 정확히 대답하기 어렵다. 하지만 그런 질문을 받을 때면 아직도 처음 〈데미안〉을 읽던 그 순간이 떠오른다. 어쩌면 모든 것의 시작은 내 작은 우주를 무너뜨리고 새로운 세상을 보여 준 그 책에서부터였으리라.

지금 생각하면 나는 물 흐르듯 자연스럽게 마치 정해진 길을 걸어온 사람처럼 번역가가 되었다. 호기심이든 우연히든 나는 인생의 갈림길에서 늘 최선의 선택을 했고 그 선택의 기준에는 책과 글, 중국어, 자유, 열정 따위가 포함되었다.

대학에서 중국어를 전공하고 중국에서 어학연수를 하고 통번역 대학원을 갈 때까지 그저 좋아하는 일을 하고 싶다는 마음으로 전력 질주했다. 대학원에 입학하기 전에 넣은 샘플 번역이 운 좋게 뽑혀 학업과 출판 번역을 병행했다. 수업 준비와 과제만 하기에도 빠듯한 생활이었는데 무슨 생각으로 일까지 했는지 모르겠다. 밤을 새워 일하다가 몇 시간 자지도 못하고 학교에 가는 힘겨운 생활이 반복되었지만 내 이름으로 된 번역서가 나온다는 생각에 들떠 신나게 번역했다. 그때 인연을 맺은 회사에서 지금까지 번역서를 15권이나 출간한 걸 생각하면 중간에 포기하지 않은 건 아주 잘한 일이다.

대학원을 졸업하고 본격적인 회사 생활을 하면서 느낀 건 내가 생각보다 훨씬 더 자유라는 가치를 중요시한다는 사실이었다. 나는 획일적인 시스템과 남성 위주의 조직문화, 지연과 학연에 의한 연줄 타기에 반감이 컸다. 무엇보다 거대한 기계의 톱니바퀴가 되어 출근 도장을 찍으면서도 항상 불평불만으로 가득 찬 나 자신을 봐 줄 수 없었다. 결국 회사를 뛰쳐나와 자유를 갈구하는 프리랜서가 되었다.

회사를 나오고 한동안은 이미 프리랜서로 자리를 잡은 대학원 동기들이 일을 많이 물어다 줬다. 하지만 그것은 어디까지나 남의 이름으로 들어온 일에 불과했다. 전업 프리랜서로 독립하기 위해서는 내 이름으로 된 일을 받아야 했고 그러려면 나를 널리 알려야 했다. 앞선 의욕만큼 일은 쉽게 풀리지 않았다. 보이는 대로 이력서를 뿌리고 닥치는 대로 일을 했지만 결과는 좋지 않았다. 그나마 꾸준히 들어왔던 출판 번역과 간간이 모아 둔 비상금으로 버틸 수 있었다.

그렇게 정신없이 보내던 어느 날, 아무 할 일 없는 화창한 아

  또 다른 중국어 번역가 이야기

침에 문득 이런 생각이 스쳐 지나갔다. '왜 그렇게 아등바등하는 거야? 그토록 원했던 자유가 눈앞에 있잖아.' 나는 고등학교, 대학, 대학원을 거쳐 회사를 퇴사할 때까지 한 번도 마음 편히 쉬어 본 적이 없다. 늘 목표를 위해 빈틈없이 일정표를 채우고 앞으로 나아가기만 했다. 그런 삶에서 벗어나고 싶어 프리랜서가 됐는데 프리랜서가 되고 나서도 당장 뭔가를 해내야 한다는 강박관념에 사로잡혀 안절부절못했다. 조급하게 서두른다고 뭐가 되는 것도 아닌데 말이다.

내게 필요한 건 기다림이었다. 이왕 기다릴 거 마음껏 자유를 누리며 여유를 즐기자 싶었다. 생각을 바꾸니 할 일은 넘쳐났다. 가장 먼저 요가 학원을 등록했다. 학업과 일로 무너진 체력을 보충하고 정신력을 키우기 위해서다. 그리고 매일 동네 도서관을 찾았다. 책을 한 무더기씩 빌려 와 읽고 또 읽었다. 그동안 바쁘다는 핑계로 소홀히 했던 독서에 다시 불이 붙었다. 좋은 책을 읽으면 그냥 넘기기 아쉬워 발췌를 하고 독후감을 썼다. 하지만 혼자 읽고 쓰는 시간이 길어지자 누군가와 함께하고 싶다는 생각이 간절해졌고, 그것은 나를 다양한 독서 모임으로 이끌었다.

프리랜서 활동과 같은 시기에 시작한 독서 모임은 지금까지 5년 넘게 이어지고 있다. 적을 때는 한 달에 한 번, 많을 때는 한 달에 서너 번씩 참여했는데 아무리 바빠도 독서 모임이 있는 날은 반드시 시간을 비우려고 노력했다. 번역 일이 늘어나기 시작할 무렵에는 부담이 된 것도 사실이지만 그만큼 얻는 것도 많았다. 혼자서 독서를 하면 자기 취향에 맞는 책만 읽기 마련인데 함께 하면 다양한 분야의 책을 골고루 읽어 편향된 독서 습관에서 벗어나는 것은 물론이고 포괄적인 지식도 쌓을 수 있다. 어떤 분야의 일이 들어와도 신속하고 능숙하게 번역하기 위해서는 평소에 여러 가지 경험과 지식을 축적해야 하는데 그럴 때 꾸준한 독서는 큰 도움이 된다. 독서 모임에서 논제를 뽑고 토론하기 위해서는 책을 더 깊고 넓게 읽어야 하므로 분석력과 사고력이 크게 향상된다. 번역을 할 때 문장에 대한 빠른 분석과 이해가 필요한 것을 고려하면 이 역시 독서 모임을 통해 자연스럽게 단련되는 셈이다.

여러 독서 모임 중에서 가장 애착이 가는 모임은 중국 작가의 책을 집중적으로 읽고 토론하는 '리딩 차이나'다. 중국어 번역가로서 중국 문학을 더 많이 읽어야겠다는 생각으로 대학원 동기들을 설득해 만든 비공개 독서 모임이다. 일반 독서 모임에서는 중국 작가의 책을 다루는 일이 많지 않아 늘 불만이었다. 번역가로서 기존에 나와 있는 번역서를 읽어야 할 필요성도 컸지만, 중국 문학이나 작가에 대해 아는 게 많이 없다는 강한 반성도 있었다. 위화余華와 모옌莫言부터 다이허우잉戴厚英, 다이시지에戴思杰, 류전윈劉震雲, 왕하이링王海鴒, 옌롄커閻連科 등에

　　　또 다른 중국어 번역가 이야기

이르기까지 매월 한 권씩 읽기 시작한 모임은 햇수로 3년이 넘었다. 때로는 중국어 원문과 번역문을 비교하기도 하고 때로는 작품 토론을 통해 중국의 시대상과 문화를 공부했다. '리딩 차이나'는 순수한 독서 토론을 넘어 번역가에 대한 평가와 중국과 대만, 홍콩의 정치, 경제, 사회 전반에 대해 지식의 폭과 견해를 넓힐 수 있는 계기가 되기도 했다.

꾸준한 책 사랑과 독서 모임 덕에 나는 1년에 100권이 넘는 책을 읽는 독서광이 되었다. 간간이 하던 발췌와 독후감은 독서 모임을 통해 그럴싸한 서평으로 발전했고, 개인 블로그에 올린 글을 보고 온라인 서점에서 서평 의뢰가 들어왔다. 그 인연으로 한 달에 2개의 서평을 제공하는 서평단 활동을 1년간 했다. 참 재밌게 글을 썼다. 독서가 더 즐거워진 건 말할 것도 없었다. 평소 여기저기서 글쓰기 수업을 들으며 소소한 즐거움에 만족했는데 서평단 활동을 계기로 본격적인 글쓰기에 관심이 생겼다.

간절히 원하면 이루어진다고 했던가. 기회는 뜻밖의 장소에서 찾아왔다. 번역 일이 폭주하고 눈코 뜰 새 없이 바빠질 무렵, 나는 프리랜서로 끝까지 살아남기 위해서는 강인한 체력이 필요하다는 사실을 절실히 깨달았다. 실내에서 하는 요가만으로는 성에 차지 않았다. 밖으로 나가야 했다. 나가서 바람도 쐬고 햇볕도 쐬고 싶었다. 그러지 않으면 몇 날 며칠이고 어두운 골

방에 틀어박혀 기계처럼 번역만 하는 삶이 반복될 것 같았다. 그래서 걸었다. 하루도 쉬지 않고 매일 5km씩 기를 쓰고 걸었다. 다행히 함께 하는 사람들이 있었고 공동의 플랫폼에서 걸으며 생각하고 느꼈던 감상을 글로 나누었다. 그리고 1년 뒤 우리의 글은 한 권의 책이 되어 세상으로 나왔다. 그렇게 나는 저자가 되었고, 나의 글이 한 권의 책으로 만들어지는 경이로운 과정을 지켜보며 책 쓰는 번역가로 살리라 마음먹었다.

생각해 보면 지금의 내가 있기까지 가장 큰 역할을 한 건 바로 책이었다. 책을 읽고 처음으로 느낀 희열과 감동을 잊지 못해 여기까지 왔다고 해도 과언이 아니다. 이처럼 한 권의 책은 누군가의 인생을 송두리째 뒤흔들어 놓고 운명의 수레바퀴를 예상치 못한 곳으로 이끈다. 내가 번역한 책을 읽고 단 한 명이라도 진심으로 위로 받고 용기를 얻었다면 번역가로서 더 바랄 게 없다. 수천, 수만 명의 사랑을 한 몸에 받는 베스트셀러가 되지 않더라도 상관없다. 아주 오래전 내가 그랬던 것처럼 누군가의 세계를 바꿀 수 있는 글을 쓸 수 있다면, 단 한 명의 독자를 위해서라도 글을 쓰고 번역을 해 나갈 것이다.

    또 다른 중국어 번역가 이야기

분야를 넘나드는 멀티 번역맘
정미영

● 　　　중국 영화와 노래, 드라마의 매력에 빠져서 짧은 자막 한 줄도 그냥 지나치지 않고 영혼을 담아 번역하는 중국어 영상 번역가. 〈마이 선샤인〉, 〈꿀벌소녀대〉, 〈패왕별희〉, 〈공자-춘추전국시대〉, 〈봉신연의〉, 〈온리유〉, 〈사대명포〉, 〈태평륜〉 등 주로 케이블 채널로 방송되는 중국 영화와 드라마, 예능 등을 번역한다. 그 외에 중국 시나리오 번역을 비롯한 각종 문서 번역, 웹툰 번역, 한중 번역에 이르기까지 다양한 번역 분야에서 활동한다. 더라인 아카데미에서 '미디어 중국어 번역' 강의를 하며 후배 양성에도 힘쓰고 있다.

중국어는 대학을 입학하며 배우기 시작했다. 내가 중국어를 선택한 이유는 단지 중국의 넓은 땅덩어리 때문이었다. 대학 동기 중에는 홍콩 영화에 푹 빠져서, 중국 노래가 너무 좋아서 중국어를 선택했다는 친구들이 많았지만 난 좁은 우리나라에 비해 넓고 확 트인 그 대지가 너무나 매력적으로 느껴졌다. 중국어를 배워 중국의 이곳저곳을 누빌 생각을 하니 가슴이 미친

듯이 요동쳤다.

그렇게 대학 4년 내내 계속 중국을 오가며 중국어를 배웠지만 졸업반이 되도록 내 꿈은 번역가가 아닌 통역가였다. 중국 특유의 발음과 억양, 노래에 푹 빠져 살았고 정말 중국 사람처럼 중국어를 잘하고 싶다는 열망에 중국 드라마를 보며 그 대사를 똑같이 연기하기도 했다.

그러던 어느 날 한 선생님으로부터 대학원에 진학해서 중국어를 더 깊이 있게 배워 보지 않겠냐는 제의를 받았다. 현직 번역가였던 그분은 당시 대학 강의와 번역을 겸하고 있었다. 그렇게 그분과의 만남으로 나는 통역가라는 꿈을 접고 번역가 쪽으로 한걸음 더 다가가게 되었다.

하지만 대학원 공부는 만만치 않았으며, 그렇게 중국 문학을 공부하면서도 마음 한켠에는 통역가에 대한 미련이 남아 있었다. 평소에 드라마나 노래로 중국어를 듣는 걸 무척이나 좋아했던 내게 문자로 된 소설은 중국어를 보고 듣기 원하는 내 욕구를 다 채워 주지 못했다. 그래서 나는 다른 동기들처럼 박사에 진학하지 않고 홀로 취업의 길에 들어섰다. 중국어가 싫어서 그랬다기보다는 번역 일이나 공부는 나중에도 할 수 있지만, 취업해서 사회 경험을 쌓는 것은 20대 후반이 지나면 하기 힘들 것 같아서였다.

    또 다른 중국어 번역가 이야기

처음에 회사에 들어갈 땐 그래도 중국과 관련된 일을 할 수 있을 것 같으니 '딱 3년만 버티고 나오자.'라는 심정이었다. 하지만 막상 입사하고 보니 사회는 내가 생각한 것보다 더 살벌하고 무서운 곳이었다. 군대처럼 위계질서가 분명했고, 쓸데없이 과장된 의전 행사가 너무 많았으며, 무엇보다도 남녀 차별이 정말 심했다. 게다가 MOU를 맺기로 한 중국 기관과 사이가 틀어지면서 중국 관련 일도 전혀 할 수 없게 되자, 갈수록 회사 생활이 더 재미없고 지겹게 느껴졌다. 그렇게 나는 구매, 회계, 총무, 인사, 계약, 감사 등 중국어와 전혀 상관없는 각종 행정 업무를 수행하며 6년이 넘는 세월을 힘겹게 버텼다. 하지만 둘째를 임신하며 허리 디스크라는 고질병이 또 도졌고 나는 어쩔 수 없이 육아 휴직을 하게 됐다. 휴직을 하고 나니 그동안 중국 노래로만 짤막하게 접해 온 중국어에 갈증이 느껴졌고 번역에 대한 막연한 그리움이 피어올랐다.

그러다 복직할 때쯤 우연히 한 온라인 카페를 통해 영상 번역이란 직업을 알게 되었다. 회사와 번역 수업, 네 살과 한 살짜리 두 아이의 육아를 병행해야 한다는 부담에도 불구하고 '꿈을 향한 마지막 도전'이라는 생각에 영상 번역 수업을 듣기로 했다.

그동안 중국어에 목말라 있었던 탓인지 영상 번역 수업을 듣고 과제를 하는 내내 정말 세상에 태어나서 처음 느끼는 두근거림을 맛보았다. 새벽 두세 시까지 과제를 해도 피곤하다는 생각은커녕, 영상 번역의 매력과 재미에 흠뻑 빠져서 길을 걷다가도, 북적이는 지하철 안에서도 계속 '어떻게 하면 그 문장의 맛을 더 살릴 수 있을까?'라는 고민이 머릿속에서 떠나질 않았다. '아, 사람이 좋아하는 일을 하면 이렇게까지 미칠 수 있구나.'라고 느끼며 6개월간 입문반과 실전반 수업을 열심히 들었다.

그러던 중 좀 더 번역에 전념하고자 회사를 그만두기로 결심했다. 내가 회사를 그만둔다고 하자 주변에서 다들 난리를 쳤다. 특히 친척들은 아깝게 회사를 왜 그만두냐며 우리 부모님께 전화해서 당장 말리라고까지 했다. 하지만 스무 살에 허리 디스크 수술을 받은 후 두 번의 출산으로 이미 협착증이 심하게 진행된 상태라 더는 사무실에 앉아서 8시간씩 근무하는게 불가능했다. 회사에 복직하려고 둘째 출산 후 열심히 운동으로 몸을 다졌지만 막상 복직하고 나니 보름 만에 몸이 망가져더는 출퇴근하기 힘들었다.

그냥 운명이라고 생각하며 그렇게 회사를 관두자 이번에는 생각지도 못한 타이밍에 셋째가 들어섰다. 무슨 인생이 이렇게 다이내믹한지 모르겠다며 셋째 임신에도 불구하고 난 그렇게 실전반 수업을 무사히 마쳤다. 하지만 막상 수업을 마치고 나니 그때부턴 눈앞이 캄캄했다. 남은 퇴직금으로 6개월 이상 버틸 수 있었지만, 그동안 과제를 하며 영상 번역의 재미에 푹 빠져 살다가 막상 수업이 다 끝나고 나니 마치 금단 현상처럼 뭔가 계속 불안했다.

어찌어찌 영상 번역가로 데뷔는 했지만, 중국어 영상 번역 물량이 워낙에 적어서 언제 일이 끊길지 몰라 마음이 놓이지 않았다. 영어를 공부해서 중국어 번역과 병행을 하느냐, 아니면 중국어 공부를 조금 더 해서 한중 번역에 도전하느냐 두 가지 기로에 서서 고민을 했다. 그렇게 고심하며 번역 사이트를 계속 뒤졌고 그마나 괜찮다고 생각되는 곳에 계속 원서를 넣었다. 그러자 회사 다닐 땐 그렇게도 싫었던 일반 행정 업무가 오히려 도움이 되는 순간이 찾아왔다. 회사에서 계약과 구매 업무를 담당해서 한국 계약서에 익숙한 덕분에 계약서 및 각종 기획서 번역이 전혀 낯설지 않았다.

또한 6년간 다양한 중소 업체들과 많은 거래를 한 덕분에, 생판 모르는 번역 회사 담당 직원이나 사장과 전화 통화만으로도 허물없이 지낼 수 있었다. 내가 번역 아카데미에서 미디어 중국어 번역 강의를 한다는 사실을 알고 자신의 진로를 상담하는 직원도 있었다. 거래처 사장 중에는 일 때문에 연락했다가 중국어 번역 시장 현황과 애로 사항을 허심탄회하게 얘기하거나, 육아와 일을 어떻게 병행해야 하는지 인생 상담을 청하는 분도 계셨다. 그렇게 나는 지금도 한 번도 만나지 못한 그분들과 몇 년째 돈독한 관계를 유지하고 있다.

가끔 수강생 중에 번역 실력은 아주 뛰어난데 부끄러움이 많거나 사회 경험이 부족해서 자기표현을 잘 못하는 경우를 보면 안타까울 때가 많다. 프리랜서로 살다 보면 거래처와 직접 만나서 일하는 경우보다 전화, 문자, 메일로 업무를 할 때가 훨씬 많은데, 그럴 때일수록 내가 먼저 더 적극적이고 긍정적인 태도로 살갑게 다가가야 한다. 번역도 사람이 하는 일인 만큼 실력도 중요하지만 거래처와 원활한 의사소통이 불가하면 일이 뚝 끊길 수 있다.

그렇게 문서 번역과 영상 번역을 병행하며 업체와 관계가 돈독해지자 시나리오 번역 일이 들어오기 시작했다. 중국어 시나리오 전문 번역가가 흔하지 않은 탓에 영상 번역가인 내가 상대적으로 유리했던 것 같다. 처음엔 시나리오 번역이 뭔지 몰라 거절하고 싶었지만 무슨 배짱인지 당찬 목소리로 "네, 할 수 있어요."라고 얼른 대답했다. 전화를 끊자마자 후회가 밀려들었지만, '아이를 셋이나 낳았는데 세상에 못 할 게 뭐 있겠어.'라는 밑도 끝도 없는 자신감으로 당장 한국 시나리오를 찾아 읽고 서점으로 달려가 시나리오 관련 책을 사서 시나리오 형식을 익히고 바로 작업에 들어갔다.

그동안 영상 번역과 더빙 번역, 소설 번역을 했던 경험을 살

　또 다른 중국어 번역가 이야기

려 최선을 다했고, 영상 번역과 달리 '자연스러운 구어체를 남발'해야 하는 시나리오 번역의 매력에 푹 빠져 버렸다. 한국 유명 배우들이 내가 번역한 문장을 보며 중국에 건너가 연기한다고 생각하니 더 가슴이 떨렸다. 그래서 자연스러운 구어체뿐만 아니라 더빙 번역을 통해서 배운 문장의 말길이까지 신경 쓰며 마치 내가 배우가 된 듯 열심히 소리 내서 연기하며 번역했다.

수강생들과 회식할 때면 "선생님은 아이가 셋인데 언제 번역하세요?"란 질문을 많이 받는다. 나는 주로 아이들을 재우느라 10시에 취침해서, 일이 많을 때면 새벽 3시, 일이 적을 때도 새벽 5시에는 일어난다. 그 시간에 일어나 첫째 아이를 학교 보내기 전까지 오롯이 나만의 시간을 즐긴다. 낮에도 아이들을 다 등원시키고 나면 일할 수 있지만 수시로 오는 전화나 문자 등 여러 복잡한 일 때문에 종종 방해를 받는다. 그래서 새벽에 일어나 일하면 집중해서 더 많은 양을 작업할 수 있다.

내게 영상 번역은 나를 세상과 연결해 주는 유일한 꽃길이다. 동네에서 육아에만 매진하는 주부들을 보면 과거 대기업에서 화려한 경력을 뽐내며 잘나가던 분들이 참 많다. 하지만 육아와 일을 병행하기 힘들어 어렵게 버티다가 결국 큰애가 학교 갈 무렵이 되면 하나둘 일을 그만둔다. 몇 년 동안 육아에만 전념하다 보면 경제적인 이유나 개인적인 자기계발을 위해 다시 일을 시작하고 싶어도 '경력 단절녀'라는 꼬리표가 붙어 선뜻 다시 세상에 발을 내딛지 못한다. 참으로 안타까운 현실이 아닐 수 없다.

그렇다면 번역맘으로 사는 건 어떨까? 남들은 출퇴근 없이 육아와 일을 적절하게 나눠서 할 수 있는, 돈도 벌고 아이도 키울 수 있는 이상적인 직업이라 생각할지도 모른다. 하지만 막상 번역맘으로 살다 보면 육아와 일 사이에서 무엇이 더 우선순위인지 끊임없이 갈등하게 된다. 가끔은 주말에도 계속 일을 해야 하거나, 여행 중에도 일을 할 수밖에 없는 일정 때문에 그만두고 싶은 때도 많았다. 그렇다고 아이 때문에 꿈을 포기하긴 싫었다. 세월이 지나면 아이는 자라기 마련이다. 평소에 '다른 집 애들은 금방 훌쩍 크는 것 같은데 우리 집 애는 대체 언제 자라지? 제발 뻥튀기처럼 순식간에 커졌으면 좋겠다.'라는 말을 입에 달고 살았는데, 어느새 큰아이가 아홉 살이 되었다. 이제는 내가 애니메이션 더빙 번역을 할 때면 옆에서 "이런 단어는 애들한테 어려우니 다른 말로 바꿔라."라고 코멘트를 해 주는 든든한 조언자가 되었다.

이제는 더 이상 번역을 그만둬야 하나 마음이 흔들리지 않는다. 중국어 번역만 해도 할 일이 넘쳐나니 딴 생각을 할 겨를이 없다. 업계에서도 당당히 번역가로 자리를 잡았고 집에서도 가족들한테 전문가로 인정을 받았다. 좋아하는 일을 직업으로 삼아 지속할 수 있는 지금 이 순간, 더없이 행복하다.

못다 한 이야기

책을 준비하는 동안
커뮤니티를 통해 출간 과정을 공유하고,
좀 더 깊은 이야기를 나누고 싶어
다양한 질문들을 받았습니다.
책에 다 하지 못한 이야기를 바탕으로
질문을 골라 정리해 보았습니다.

LONDON
TY
THE ALLIES
HAVE ASSURED
NORWAY

중국어 시나리오 번역
Q&A

A　쪽대본이라면, 작가가 급하게 쓴 대본이 촬영 날 배우의 손에 전달되는 걸 말하는 거겠죠? 그렇다면 쪽대본까지는 아니어도 '반쪽' 대본 정도는 오는 것 같습니다. 합작 작품이 아닐 때는 작가만 글을 쓰면 되는데, 합작 작품의 특성 상 대본이 각각의 언어로 두 개가 준비되어야 하기 때문에 제작사에서 제작 기간을 아무리 여유 있게 잡고 시작한다고 해도 늘 모든 작업이 촉박하게, 바쁘게 돌아가니까요. 그래서 작가와 번역가가 동시에 대본 작업을 진행하는 경우가 많고(작가가 1회를 번역해서 번역가에게 넘기면, 작가가 2회 집필을 하는 동안 번역가는 1회 번역을 하는 식), 그럴 때는 정말이지 쪽대본과 쪽번역의 신세계를 맛보게 됩니다. 작업 기간 내내 상당히 숨 가쁜 시간을 보내지요.

Q2 시나리오를 번역할 때 모르는 단어 등에 대한 공부를 따로 하시나요?

A 당!연!히! 따로 공부합니다. 뜻을 모르면 번역을 할 수가 없으니까요. 단순히 처음 보는 단어 외에도 살짝 아리송하거나, 혹은 내가 알고 있는 의미로는 이 대사 속에서 뭔가 매치가 안 된다 싶을 때, 그럴 때도 꼭 찾아봐요. 그리고 되도록 바이두 사이트에서 중중 사전으로 의미를 확인합니다. 중한 사전은 빠르고 편하긴 하지만, 실제 뉘앙스는 중한 사전에 담긴 의미와 다를 경우가 많아서 중중 사전을 주로 참고해요. 그렇게 단어를 찾고 나면 일단 표시를 해 둡니다. 번역 기한이 촉박하기 때문에 번역과 동시에 정리를 하기는 힘들어서 번역이 다 끝나고 여유가 생기면 표시해 두었던 단어들만 따로 모으기도 하고, 다시 한 번 보기도 하고, 독특한 표현은 블로그에 만들어 둔 카테고리 〈책이 알려 주지 않는 중국어〉에 올려서 공유하기도 하고요.

Q3 대사에 함축된 뜻이 많은 경우 작가와 직접 이야기하시나요? 연출자와 이야기하시나요?

A 작가와 직접 이야기합니다. 아무래도 대본을 쓴 작가가 제일 잘 알기 때문이지요. 그런데 작가와 직접 이야기할 수 있는 건 특수한 경우예요. 보통은 제작사에서 담당자에게 대본을 전

달받기 때문에 작가와 직접 연락할 수 있는 경우는 극히 드물
죠. 작가님과 개인적으로 친분이 있는 특수한 경우가 아니라
면, 혼자 소화할 때가 많습니다. 그만큼 더 많이 들여다보고 고
민을 하는 거죠. 그래도 해결이 안 되면 중국 친구에게 도움을
받기도 하고요.

A   수입. 가장 현실적이면서도 많은 분들이 궁금해하는 부분
입니다. 아마도 수입적인 부분은 번역가마다 상황이 천차만별

   못다 한 이야기

일 거예요. 얼마나 일을 하느냐에 따라서, 또 어떤 일을 하느냐에 따라서도 차이가 날 테니까요. 저의 경우를 조심스럽게 이야기해 보자면, 저는 현재 시나리오(드라마·영화·뮤지컬 등) 번역과 책(주로 중국어 회화책) 집필, 강연(주로 번역 관련 특강) 등의 활동을 하고 있습니다. 본격적으로 번역가의 삶을 시작했을 때는 저 역시 일이 많지 않았기 때문에 수입이 적은 편이었어요. 일이 없을 땐 당연히 수입이 없었고요. 차차 일이 많아지고 다양한 활동을 하게 되면서 수입이 자연스럽게 따라왔습니다. 수입이 충족될 때는 월급 받는 일을 하던 시절보다 만족스러울 때도 있지만 돈이 따르면 그만큼 자유가 줄어들지요. 어쩌면 당연한 이치겠죠?

Q5 한국어 실력도, 외국어 실력도 딱히 특출나지 않은 번역가 지망생이 있습니다. 나름대로 열심히 공부하고 있다고 착각(?)하는 이 지망생을 따끔하게 혼내신다면 어떤 충고를 해 주시겠어요?

A 지망생 분들 역시 각자 나름의 방식으로 열심히 준비하고 또 공부하고 계실 거라 생각합니다. 진부한 이야기 같지만 '꾸준함'은 배신을 하지 않아요. 꾸준히 갈고 닦고 노력하다 보면 분명 기회는 옵니다. 다만, 제가 하고 싶은 이야기는 이거예요. 대부분 '어떻게 실력을 키울까'보다 '어떻게 입문을 할까'에 대한 고민을 훨씬 많이 합니다. 백번 이해해요. 저 역시 그랬으

니까요. 그런데 번역가는 학벌도, 인맥도, 외모도, 자격증도 필요 없습니다. 오로지 '실력'으로만 이야기해요. 즉, '일단 입문부터 하고……'와 같은 생각은 위험하다는 뜻입니다. 어쩌다 좋은 기회가 생겨 입문을 했다 쳐도, 실력이 받쳐 주지 않으면 다음 기회는 고스란히 다른 사람에게로 떠나갑니다. 어찌 보면 냉혹하죠. 그렇기 때문에 '입문'을 고민하기 전에 일단 '실력'을 충분히 갖춰야 해요. 그래야 입문을 하고서도 계속 이 길을 걸을 수 있습니다. '실력'으로 입문하고, 그 '실력'으로 '경력'을 쌓아가는 곳이 바로 번역가의 길이라는 것. 꼭 기억해 주세요.

Q6　차라 님의 하루 일과가 궁금해요. (작업이 있는 날&없는 날)

A　이 질문을 받고, 덕분에 제 하루를 제3자의 눈으로 돌아보게 되었어요. 일단 아침에 일어나면 샤워를 하는데요, 샤워하는 동안 휴대폰으로 중국 라디오 방송을 크게 틀어 둡니다. 물소리에 DJ 말소리가 안 들릴 때도 있지만 상관없어요. 그냥 일상입니다. (라디오는 '喜马拉雅FM'이라는 어플을 이용하고 '上海动感101' 채널을 주로 들어요.) 샤워를 마치면 화장, 옷 입기 등 출근 준비를 하는데, 이때는 중국 드라마를 틀어 둡니다. 라디오도, 드라마도 '완벽히 듣고 보겠다'는 것보단 철저

　　　　　　　못다 한 이야기

하게 중국어 환경을 만드는 데에 의미를 두는 거죠. 준비를 마치면 작업실로 향합니다. 이메일 확인을 시작으로, 그날 해야 될 작업의 우선순위를 정한 뒤 일을 시작해요. 일을 하다 중간에 답답하면 블로그에 글 올리는 걸로 잠시 숨통을 트기도 하고요. 저녁 시간이 가까워 오면 집에 가서 저녁을 간단히 먹고 운동을 갑니다. 번역과 중국어에 대한 생각을 잠시나마 잊어버릴 수 있는 유일한 시간이거든요. 운동을 마치고 집에 오면 가족 혹은 친구와 야식을 먹을 때도 있고, 그렇지 않으면 책을 읽고요. 작업이 바쁠 때는 집에서 늦게까지 일을 더 하기도 합니다. 작업이 없는 날은 다른 사람들과 비슷해요. 친구를 만나거나 여행을 갈 때도 있고, 카페 가서 종일 책만 읽을 때도 있고, 데이트도 하고요. 하지만 작업이 없는 날도 중국 라디오를 듣고 중국 드라마를 보는 일은 빼놓지 않습니다. 중국어 환경 만들기, 이게 제 일상의 중심축이니까요.

A   자기 관리를 진짜 잘하는 분들 보면, 새벽에 일어나 하루 일과를 수첩에 쭉 정리하고 클리어하듯 일정에 맞춰 생활하기도 하던데…… 저는 절대 그런 타입은 아닌 것 같아요. 너무 틀에 갇힌 자기 관리는 숨이 막히더라고요. 시간까지 촘촘히 짜두고 지키진 않지만, 반드시 해야 할 일 정도는 포스트잇에 적어 두고 지키는 편입니다. 예를 들면 운동, 독서(한국 책, 중국 원서) 같은 것들이요. 일주일에 적어도 4일 이상은 운동하기, 매일 최소 30분 이상은 독서하기를 나와의 약속으로 정해 두고, 이 두 가지는 반드시 지키려 노력해요.

A   처음에 이 일을 시작하면서 가장 두려웠던 게 바로 그 부분이었어요. 좋아하는 일이 직업이 된다는 것, 그건 행운이면서도 마치 동전의 양면처럼 커다란 리스크가 숨어 있는 일이기도 하니까요. 정말 다행스럽게도 아직 이 일에 염증이 날 때는 없

었어요. 중국어를 좋아한다는 사실이 오히려 큰 시너지 효과를 준 것 같아요. 일 자체가 힘들어서 '잠시 쉬고 싶다'라는 생각은 해 봤어도 지겹고 괴로워서 '그만두고 싶다'는 생각은 전혀 해 본 적이 없었으니 참 다행입니다. 어찌 보면 '나는 언제나 가슴 두근거리는, 설레는 번역가'라고 주술 외듯 스스로를 계속 다독였던 것 또한 한몫하지 않았을까요. '행복해서 웃는 게 아니라 웃어서 행복한 것'이라는 말처럼, 저도 제가 번역을 해서 설레는 건지, 설레서 번역을 하는 건지 가끔은 헷갈리니까요.

Q9 앞으로의 꿈은 무엇인가요?

A 젊은 감각이 담긴, 양질의 중국 원서를 매의 눈으로 골라 내 멋진 번역서로 탄생시키는 것. 아직은 긴 호흡으로 이어가는 번역이 숨 가쁠 때가 있어서 더 깊은 내공이 필요하기 때문에 지금은 무리하게 욕심내지 않아요. 대신 언젠가 먼 훗날 꼭 이루고 싶답니다. 그리고 중국어와 한국어를 넘나들며 각각의 언어로 대본을 혼자 완성해 낼 수 있는 작가 겸 번역가가 되는 것. 중국 작가가 쓴 대본을 받아서 한국어로 번역하거나, 한국 작가가 쓴 대본을 받아서 중국어로 번역해 오던 '번역가로서의 작업' 말고, 중국어와 한국어 두 가지 언어 모두 제 손으로 만드는 거예요. 그런 다음 제가 좋아하는 중국 배우와 한국 배우

를 각각 캐스팅하는 겁니다. 하하하. 상상만 해도 짜릿하네요. 다소 거창하지만 아주 긴 시간 동안 내공을 갈고 닦은 뒤 이뤄 내고 싶은, 장기적인 꿈입니다. 꿈은 클수록 좋다잖아요. 10년 후, 20년 후, 30년 후…… 꿈이 꿈으로만 남아 있지 않도록 열심히 달리다 보면 언젠가는 꿈이 현실이 되어 있지 않을까요? 여러분의 꿈은 무엇인가요? 꿈이 현실이 되는 그날까지 우리 함께 달려요.

못다 한 이야기

중국어
　　번역가로
산다는　것

1쇄 발행 2017년 5월 22일
3쇄 발행 2021년 9월 27일

지은이　　　김소희
편집　　　　김민희
디자인　　　오컴의 면도날
제작　　　　제이오

펴낸이　　　서준식
펴낸곳　　　더라인북스
등록　　　　제2016-000125
주소　　　　서울시 마포구 월드컵로 167 3층 (윤성빌딩)
전화　　　　02-332-1671
팩스　　　　02-325-1671
이메일　　　theline4249@naver.com
블로그　　　blog.naver.com/thelinebooks
페이스북　　www.facebook.com/thelinebooks
인스타그램　www.instagram.com/thelinebooks

값은 뒤표지에 적혀 있습니다. 잘못 만든 책은 서점에서 바꾸어 드립니다.
이 책은 저작권법에 따라 보호받는 저작물이므로 무단전제와 무단복제를 금합니다.

ISBN 979-11-958774-9-2 13720

이 도서의 국립중앙도서관 출판도서목록(CIP)은 서지정보유통지원시스템 홈페이지
(http://seoji.nl.go.kr)와 국가자료공동목록시스템(http://www.nl.go.kr/kolisnet)에서
이용하실 수 있습니다. (CIP제어번호 : 2017011372)